Krzysztof Trębski

Assertività

Krzysztof Trębski

Assertività

Risorsa preziosa nelle relazioni

Edizioni Sant'Antonio

Imprint
Any brand names and product names mentioned in this book are subject to trademark, brand or patent protection and are trademarks or registered trademarks of their respective holders. The use of brand names, product names, common names, trade names, product descriptions etc. even without a particular marking in this work is in no way to be construed to mean that such names may be regarded as unrestricted in respect of trademark and brand protection legislation and could thus be used by anyone.

Cover image: www.ingimage.com

Publisher:
Edizioni Accademiche Italiane
is a trademark of
International Book Market Service Ltd., member of OmniScriptum Publishing Group
17 Meldrum Street, Beau Bassin 71504, Mauritius

Printed at: see last page
ISBN: 978-613-8-39136-4

Sommario

Introduzione

Nella società moderna avvengono profondi e rapidi cambiamenti sociali, culturali, educativi, religiosi e politici. Nel contesto sociale moderno, così mutevole e "liquido", molte persone incontrano delle difficoltà nei rapporti interpersonali. Non sono in grado di identificare, distinguere e verbalizzare i sentimenti ed emozioni che provano. Non sanno mostrarli in maniera chiara agli altri. Non sono in grado di esprimere se stessi e le proprie idee in modo soddisfacente ed efficace.

È vero, non esistono le scuole che insegnano come esprimere gli affetti più delicati, più intimi e più preziosi. Le famiglie che prima fungevano da "incubatori dell'umanità" per i figli, oggi non sono in grado di sostenere questo compito. E allora, nella consapevolezza della necessità di vivere le relazioni in maniera vera e profonda si trova il fulcro del nostro discorso. Bisogna imparare a conoscersi e farsi conoscere per come siamo davvero! È il tempo per diventare assertivi amanti della vita, rispettosi del progetto di vita disegnato da altri.

Alcune domande prima di leggere questo libro

Ti capita di pensare che cercare di raggiungere i tuoi obiettivi sia contrario alla virtù dell'umiltà?
Ti capita di pensare che difendere i propri diritti sia espressione di aggressività?
Ti sei sentito/a mortificato/a per aver espresso il tuo parere diverso dalla opinione della maggioranza?
Ti sei sentito/a egoista quando hai fatto notare a qualcuno il tuo punto di vista?
Ti è difficile far capire agli altri quello che pensi e desideri davvero?
Ti capita di essere arrabbiato/a con te stesso/a per non aver espresso ad alta voce la tua opinione?
Ti senti a volte l'ultima ruota del carro quando nel gruppo si prende una decisione importante?
Ti sei accorto/a di essere manipolato/a dagli altri a causa della tua incapacità di riaffermare i tuoi diritti?

Se hai risposto "sì" alla maggior parte delle domande allora, forse, occorrerebbe dare maggior spazio all'assertività nel tuo comportamento.

Ti domandi cosa sia l'assertività? L'assertività può essere considerata *l'arte di tessere i rapporti interpersonali di alta qualità*; ha la sua vitale importanza per ogni uomo e ogni donna che desidera conoscere e applicare le regole di una comunicazione soddisfacente, efficace e convincente nelle loro relazioni. Il cuore dell'assertività è saper capire, accettare ed esprimere i propri sentimenti, pensieri e bisogni nel rispetto di quelli degli altri.

1. CONOSCI l'assertività?

Il termine "assertività" deriva dal verbo latino "*asserere*" e indica la capacità di asserire, affermare con tenacia e convinzione qualcosa. L'assertività è una caratteristica del comportamento umano che permette di esprimere le proprie emozioni, idee e opinioni e di far valere i propri diritti, rispettando ovviamente quelli degli altri, senza tuttavia offendere né aggredire l'interlocutore. Questo atteggiamento permette di comunicare in modo calmo, sicuro e disinvolto, focalizzato sul raggiungimento degli obiettivi prestabiliti, aperto all'eventuale compromesso con l'interlocutore dopo un'attenta valutazione delle argomentazioni reciproche.

Comunicare in maniera assertiva aiuta a:

- chiarire le proprie idee prima di spiegarle agli altri;
- rispettare se stessi e farsi rispettare dagli altri;
- gestire in modo costruttivo le relazioni interpersonali;
- sviluppare la propria autostima e sicurezza nelle proprie idee;
- decidere di comportarsi in una determinata maniera, anche in un modo che altri considerano illogico;
- riconoscere i propri limiti e le proprie inadeguatezze rispetto allo stato di relazione;
- difendere meglio i propri diritti e senza ignorare o negare quelli altrui;
- sviluppare la capacità di dissenso, in modo da poter dire di "no" senza sensi di colpa.
- limitare l'aggressività altrui.

Come si evince da queste considerazioni, l'assertività è un concetto composto in cui coesistono l'affermare le proprie opinioni e l'impegno a risolvere i problemi in modo positivo, accettando di buon grado le proposte costruttive della controparte.

L'assertività favorisce l'assunzione di responsabilità delle proprie azioni e riguarda il proprio modo di essere e agire. Si esprime nel rispetto della libertà e "diversità" altrui, riconoscendo i propri limiti con onestà e adottando la strategia comportamentale più adatta. Significa amare, apprezzare e rispettare gli altri nella misura in cui si ama, apprezza e rispetta se stessi. Ovviamente è necessario che l'autostima del protagonista sia fondata su capacità e qualità reali. Si tratta, infatti, di essere assertivi e non solo di apparire tali.

La struttura concettuale dell'assertività si basa sull'acquisizione e sul corretto utilizzo di competenze e abilità ordinati funzionalmente in cinque livelli. Gli obiettivi dei vari livelli di assertività vengono raggiunti intervenendo sia sull'aspetto concettuale del contenuto, sia sull'aspetto tecnico riguardante il modo di comunicare e di agire.

Il primo livello riguarda la capacità di riconoscere ed esprimere le emozioni per raggiungere l'autonomia emotiva. La percezione delle emozioni è quindi vista come un arricchimento del repertorio espressivo e non come un fatto negativo che genera vergogna o disagio.

Il secondo livello riguarda la capacità di comunicare emozioni e sentimenti, anche negativi, attraverso molteplici strumenti comunicativi (mimici e gestuali), utilizzando la libertà espressiva, ovvero il controllo delle reazioni motorie, senza che queste siano alterate o inibite dall'ansia e dalla tensione.

Il terzo livello implica la consapevolezza dei propri diritti che si esprime nel rispetto di sé e degli altri. Questo ha un ruolo chiave nel comportamento assertivo in quanto la distinzione tra i comportamenti aggressivi, passivi e assertivi si fonda sui diritti e sul principio di reciprocità.

Il quarto livello è rappresentato dalla capacità di apprezzare se stessi e gli altri. Questo implica la stima di sé, la capacità di valorizzare gli aspetti positivi dell'esperienza vissuta, con una visione funzionale e costruttiva del proprio ruolo sociale.

Il quinto livello è relativo alla capacità di auto-realizzarsi e di poter definire e scegliere la direzione della propria vita con le scelte ponderate e realistiche. Per raggiungere tale obiettivo è necessario possedere un'immagine positiva di se stessi, fiducia nelle proprie capacità e sicurezza personale.

Possedere le abilità menzionate comporta una maggiore capacità di autocontrollo, di intervento sulle situazioni e di soluzione dei problemi, un "ambiente interno" rilassante che permette di percepire le difficoltà non come occasioni negative di frustrazione, ma come ostacoli da superare, che possono servire come occasione di crescita personale.

Il comportamento assertivo si può rappresentare come il punto centrale di un ipotetico segmento avente come estremi il comportamento passivo e il comportamento aggressivo[1]. Comportarsi in modo assertivo significa saper bilanciare i bisogni degli altri con i propri.

[1] Giusti E., Testi A., *L'Assertività. Vincere quasi sempre con le 3A*, Roma, Sovera Editore, 2006, p. 17.

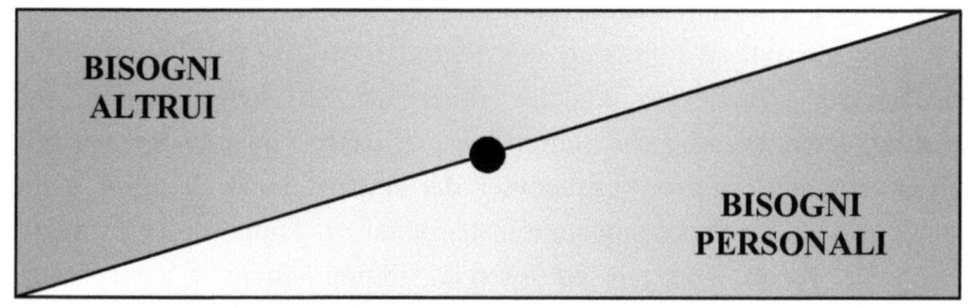

COMPORTAMENTO PASSIVO **COMPORTAMENTO ASSERTIVO** **COMPORTAMENTO AGGRESSIVO**

Il comportamento assertivo diventa manifestazione più immediata e diretta dei sentimenti, delle esigenze e delle convinzioni personali, bilanciando, a seconda delle circostanze, l'aggressività e la passività. L'obiettivo è quello di ottenere, non nuocendo i diritti e la dignità altrui, il miglior vantaggio o il minor svantaggio per se stessi, sia nel breve che nel lungo termine[2].

[2] Cfr. Marcato P., Alfieri G., Musumeci L., *Ascoltare e parlare*, La Meridiana, Molfetta, 2004.

2. VALUTA il tuo comportamento

Non sempre è facile riconoscere il proprio stile di comportamento. I test che riportiamo possono aiutare a prendere coscienza del proprio profilo comportamentale naturale. Spesso, perché è difficile osservare se stessi quando reagiamo istintivamente, quando non c'è tempo per riflettere, quando sperimentiamo le pressioni esterne, non siamo consapevoli del nostro modo di agire e delle sue conseguenze. Lo stile comportamentale instauratosi nel tempo diventa "una seconda pelle": richiede meno impegno ed energia, minor sforzo e concentrazione, è immediato. Questa batteria dei test può svelare le cose di cui spesso non ci rendiamo conto e avviare il processo di cambiamento verso il comportamento più desiderato.

È importante sottolineare che i test proposti non forniscono un quadro definitivo e completo della personalità del rispondente. I risultati ottenuti sono puramente indicativi e hanno come scopo quello di offrire uno spunto di riflessione, rendendo la persona più consapevole del proprio stile comportamentale e responsabile delle proprie scelte. É doveroso aggiungere che, solo un esperto in materia potrà fornire un quadro chiaro ed esaustivo della personalità di una persona.

PROFILO DI ASSERTIVITÀ DI GILLAN (1992)[3]

Per ognuna delle affermazioni qui sotto riportate, scegli un punteggio da 1 a 4, tenendo conto che:
4= significa che lei si comporta in quel modo **sempre** o **quasi sempre** (90-100% delle volte);
3= significa che lei si comporta in quel modo **spesso** (dal 50 al 90% delle volte);
2= significa che lei si comporta in quel modo **raramente** (dal 10 al 50% delle volte);
1= significa che lei non si è **mai** comportato in quel modo o solo **molto raramente** (dallo 0 al 10% delle volte).

	Domanda	**Punteggio**			
1	Ho facilità a prendermi carico di qualsiasi situazione	1	2	3	4
2	Mi adeguo ai piccoli riti della vita sociale, anche se non li condivido	1	2	3	4
3	Quando mi trovo a litigare, non altero il volume della voce	1	2	3	4
4	Non ho nessuna difficoltà a fissare a lungo una persona negli occhi	1	2	3	4

[3] http://www.psiche.roma.it/materialiassert/Profilo%20assertivit%E0.pdf

5	Mi sentirei perso se improvvisamente mi si chiedesse di affrontare un'emergenza	1	2	3	4
6	Quando mi sento nervoso mi strofino le mani	1	2	3	4
7	Se la situazione lo richiede non esito ad alzare la voce	1	2	3	4
8	Per farmi strada nella vita, non uso né il sarcasmo né l'ironia	1	2	3	4
9	Penso che ogni persona abbia il diritto di comportarsi come meglio crede	1	2	3	4
10	Ho facilità a dire quello che penso anche quando ciò contrasta con il punto di vista degli altri	1	2	3	4
11	Anche quando sono nervoso le mani non mi tremano affatto	1	2	3	4
12	Sono piuttosto critico nei confronti delle mie azioni	1	2	3	4
13	Ho difficoltà a guardare dritto negli occhi la persona con cui sto litigando	1	2	3	4
14	Per sottolineare un punto particolare della mia argomentazione, non ho difficoltà a puntare il dito contro uno dei miei interlocutori	1	2	3	4
15	Sono convinto che tutti dovrebbero comportarsi nei modi richiesti dall'educazione	1	2	3	4
16	Sono tenace e in genere raggiungo i miei obiettivi, costi quel che costi	1	2	3	4
17	So che mi fa apparire nervoso il tremolio della mia voce quando litigo	1	2	3	4
18	Anche quando ascolto gli altri sono attento al mio punto di vista	1	2	3	4
19	Anche quando gli altri ottengono da me delle concessioni, grazie alla simpatia che mi ispirano, mi assicuro che siano loro a decidere dei loro problemi	1	2	3	4
20	Sono convinto che lasciar trasparire i propri sentimenti sia utile nel creare un buon rapporto	1	2	3	4
21	Se qualcuno cerca di prendere il sopravvento su di me, gli rispondo per le rime	1	2	3	4
22	Uso il sarcasmo per far sapere agli altri quello che penso di loro	1	2	3	4
23	Mi sento a disagio quando gli altri mi criticano	1	2	3	4
24	Quando gli altri si sforzano di farmi dare qualcosa che non mi piace, riesco a trovare un compromesso che soddisfi tutti	1	2	3	4
25	Non riesco a capire molte delle critiche che mi vengono rivolte	1	2	3	4
26	Tendo ad affrontare i problemi in modo cauto e democratico, coinvolgendo gli altri	1	2	3	4
27	Mi imbarazza comunicare agli altri i miei sentimenti e le mie emozioni	1	2	3	4

28	Quando discuto con qualcuno, sono pronto a preferire le sue proposte alle mie	1	2	3	4
29	Se gli altri si trovano in mezzo alle difficoltà, è un loro problema	1	2	3	4
30	Ho difficoltà a mantenere il mio punto di vista quando entro in contrasto con gli altri	1	2	3	4
31	Ho imparato molto ascoltando gli altri	1	2	3	4
32	Mi faccio facilmente intimidire dai prepotenti	1	2	3	4
33	Penso che mostrare agli altri i propri sentimenti sia un segno di debolezza ed è per questa ragione che non lo faccio	1	2	3	4
34	Quando instauro un rapporto con gli altri, facilmente mi trovo a condividere i loro problemi	1	2	3	4
35	Trovo che mantenere saldamente il proprio punto di vista, incoraggi l'altro ad accettare un compromesso	1	2	3	4
36	Continuo a guardare gli altri, fino a che non mi accorgo che ciò li imbarazza	1	2	3	4

Lettura dei risultati:
Per ottenere il punteggio di stile assertivo somma i punteggi indicati negli item: 3-8-9-11-18-19-20-24-26-31-35-36 = totale ....
Per ottenere il punteggio di stile aggressivo somma i punteggi indicati negli item: 1-4-7-10-14-15-16-21-22-25-29-33 = totale ....
Per ottenere il punteggio di stile passivo somma i punteggi indicati negli item: 2-5-6-12-13-17-23-28-30-32-34 = totale ....
Il confronto dei tre totali segnalerà la tua tendenza dominante.

TEST: STILI DI COMPORTAMENTO

Se hai voglia di confermare ancora una volta il risultato puoi fare il seguente test. A questo scopo per ognuna delle affermazioni, indica se essa descrive esattamente o meno un aspetto del tuo comportamento. Scegli la tua risposta ad ogni affermazione tra le cinque possibilità seguenti e indicala con la lettera scelta, nello spazio corrispondente:

1. Per nulla
2. Un poco
3. Abbastanza
4. Molto
5. Moltissimo

Accertati di valutare accuratamente ogni affermazione. Nel caso in cui avessi dei dubbi riguardo la risposta da dare, scegli quella che ritieni più rappresentativa della tua personalità.

Domande:

_______ * La maggior parte delle persone sembra essere più aggressiva o più sicura di quanto io sia.

_______ * Ho avuto delle perplessità a chiedere o ad accettare degli appuntamenti per la mia "timidezza".

_______ Se al ristorante mi viene servito qualcosa che non è preparato in maniera soddisfacente, mi lamento di questo col cameriere o la cameriera.

_______ * Sono attento nel cercare di evitare di ferire i sentimenti delle altre persone, anche quando sento di essere stato offeso.

_______ * Se un commesso si è dato un gran da fare nel mostrarmi certi articoli da vendere, senza che io abbia trovato qualcosa di molto adatto alle mie esigenze, ho difficoltà nel dire "no grazie, non lo acquisto".

_______ Quando mi viene chiesto di fare qualcosa, io insisto nel sapere il perché.

_______ A volte io cerco una buona e vivace discussione.

_______ Io miro a farmi avanti come la maggior parte delle persone nella mia condizione.

_______ * Il comportarmi onestamente spesso avvantaggia gli altri nei miei confronti.

_______ Mi piace dare il via alla conversazione con persone appena conosciute o con estranei.

_______ * Spesso non so cosa dire quando mi trovo con persone attraenti.

_______ * Esito se c'è da prendere contatto telefonico con aziende commerciali o con Istituzioni.

_______ * Se dovessi chiedere o un posto di lavoro o l'ammissione ad una certa scuola, preferirei farlo scrivendo delle lettere piuttosto che sostenendo un colloquio diretto.

_______ * Trovo imbarazzante restituire della merce.

_______ * Se un parente stretto e tenuto in considerazione mi sta annoiando con i suoi discorsi, preferirei soffocare il mio modo di sentire, piuttosto che esprimere la mia noia.

_______ * Ho evitato di fare delle domande per paura di sembrare stupido.

_______ * Durante una discussione, a volte ho paura di agitarmi tanto da cominciare a tremare tutto.

_______ Se un conferenziere conosciuto e rispettato fa un'affermazione che penso sia sbagliata, farò in modo che poi la sala abbia modo di ascoltare anche il mio punto di vista.
_______ * Evito di discutere sui prezzi con impiegati e venditori.
_______ Quando ho fatto qualcosa di importante e degno di attenzione, faccio in modo che gli altri lo vengano a sapere.
_______ Sono aperto e franco per quello che riguarda i miei sentimenti.
_______ Se qualcuno sta diffondendo falsità e malignità sul mio conto, faccio in modo di incontrarlo subito per affrontare il fatto.
_______ * Spesso ho difficoltà nel dire "no" agli altri.
_______ * Tendo a tenermi dentro tutto piuttosto che fare scenate.
_______ Esprimo delle lamentele per un servizio scadente in un ristorante o in un altro posto.
_______ * Quando mi si fa un complimento, qualche volta, per l'imbarazzo, non so che dire.
_______ Se una coppia vicino a me, al cinema o a una conferenza, sta parlando a voce piuttosto alta, chiederei loro di smettere o di continuare la conversazione altrove.
_______ Chiunque tenti di passarmi avanti in una fila poi avrà a che fare con me.
_______ Faccio presto a esprimere un'opinione.
_______ * Ci sono delle volte in cui non riesco proprio a dire niente.

Per gli item con asterisco (*) attribuisci seguente punteggio:
1. = 0
2. = 1
3. = 2
4. = 3
5. = 4
Per gli item senza asterisco attribuisci seguente punteggio:
1. = 4
2. = 3
3. = 2
4. = 1
5. = 0

Lettura dei risultati:
Tra 40 e 67 punti – nel tuo comportamento prevale lo stile assertivo.
Maggiore di 68 punti – nel tuo comportamento prevale lo stile passivo.
Minore di 39 punti – nel tuo comportamento prevale lo stile aggressivo.

TEST SULL'ASSERTIVITÀ[4]

Rispondi alle domande, scegliendo una delle risposte:

1) Hai urgente bisogno di acquistare il biglietto del treno, ma c'è una fila molto lunga
   - A – superi senza problemi la gente in fila che ti precede
   - B – aspetti pazientemente il tuo turno anche a rischio di perdere il treno
   - C – chiedi a chi ti precede la cortesia di avanzare spiegando l'urgenza
2) Sei sull'autobus e qualcuno ti dà distrattamente uno spintone
   - A – restituisci lo spintone
   - B – gli suggerisci di stare più attento
   - C – fai finta di niente
3) Hai un tremendo mal di testa e tuo marito / moglie ti chiede di riordinare la stanza
   - A – ubbidisci subito, soffrendo
   - B – urli che la stanza la riordini quando ti pare
   - C – rimandi l'operazione spiegando il motivo
4) Sei al supermercato e fai la fila alla cassa, una signora tenta di superarti
   - A – ti limiti a guardarla per farle capire che te ne sei accorto
   - B – la blocchi con fermezza invitandola a rimanere al suo posto
   - C – le dici a voce alta che è una maleducata
5) Nel gruppo ti si chiede di superare una prova di trasgressione che non condividi
   - A – ti allontani offendendo tutti
   - B – ti rifiuti accettando le conseguenze
   - C – fai senza esitare quel che ti viene richiesto
6) In una discussione vuoi esporre le tue idee
   - A – interrompi spesso chi parla
   - B – esponi con convinzione
   - C – non riesci e rinunci
7) Se una persona ti offende
   - A – gli chiedi spiegazioni
   - B – lo minacci di aspettarlo all'uscita
   - C – fai finta di niente
8) Qualcuno ti è veramente molto antipatico
   - A – non perdi occasione per umiliarlo
   - B – parlando con gli altri evidenzi i suoi difetti
   - C – non dimostri la tua antipatia

---

[4] Cfr. http://www.mauriziomazzotta.it/index.php/comunicare/10-comunicare/28-questionario-sull-assertivita

9) La tua amica / il tuo amico ha un vestito che rende goffi

A – dici chiaramente che è vestita male

B – non dici nulla ma ti vergogni se incontri altre persone

C – dici che con un altro vestito starebbe molto meglio

10) Sei al cinema e stai commentando con un tuo amico, un signore ti dice di far silenzio

A – continui tranquillamente a parlare

B – zittisci subito

C – ti scusi e smetti di parlare

Lettura dei risultati:

Risposte assertive: 1 C – 2 B – 3 C – 4 B – 5 B – 6 B – 7 A – 8 C – 9 C – 10 C

Risposte aggressive: 1 A – 2 A – 3 B – 4 C – 5 A – 6 A – 7 B – 8 A – 9 A – 10 A

Risposte passive: 1 B – 2 C – 3 A – 4 A – 5 C – 6 C – 7 C – 8 B – 9 B – 10 B

Il valore più alto indica il tuo stile di comportamento dominante.

TEST: MISURA IL TUO LIVELLO DI ASSERTIVITÀ[5]

Valuta con un punteggio da uno a cinque le seguenti affermazioni secondo la frequenza o l'intensità con cui si verificano. Cerchia il numero a cui corrisponde la tua risposta. Punteggio:

5 punti: sempre / moltissimo

4 punti: molto spesso / molto

3 punti: spesso / frequentemente

2 punti: raramente / poco

1 punto: per nulla / mai

1. Io chiedo agli altri di fare delle cose, senza provare vergogna o ansia.

   1 2 3 4 5

2. Quando qualcuno mi chiede di fare qualcosa che io non voglio fare, io dico "no" senza provare vergogna o ansia.

   1 2 3 4 5

3. Io sono tranquillo quando parlo a un gruppo numeroso di persone.

   1 2 3 4 5

4. Io, in confidenza, esprimo le mie oneste opinioni alle figure autorevoli.

   1 2 3 4 5

[5] Il test è tratto dal libro: Giusti, E., Testi A., *L'Assertività. Vincere quasi sempre con le 3A*, Roma, Sovera Editore, 2006, pp. 39-40.

5. Quando provo sentimenti forti (rabbia, frustrazione, disappunto, ecc.) io li esprimo facilmente.
1 2 3 4 5
6. Quando esprimo la rabbia, lo faccio senza biasimare gli altri.
1 2 3 4 5
7. Io sono tranquillo quando parlo in un gruppo.
1 2 3 4 5
8. Se in un meeting non sono d'accordo con la maggioranza, io posso "passare alle armi" senza provare disagio o essere aggressivo.
1 2 3 4 5
9. Quando commetto un errore, io lo ammetto.
1 2 3 4 5
10. Io lo dico agli altri, quando la loro posizione mi crea un problema.
1 2 3 4 5
11. Incontrare nuove persone in società è qualcosa che faccio con facilità e tranquillità.
1 2 3 4 5
12. Quando parlo delle mie convinzioni, lo faccio senza etichettare le opinioni degli altri come stupide, ridicole, irrazionali.
1 2 3 4 5
13. Io penso che la maggior parte delle persone sia competente e affidabile e non abbia difficoltà a delegare compiti agli altri.
1 2 3 4 5
14. Quando considero qualcosa che non ho mai fatto prima, ho fiducia nella mia capacità di imparare a farla.
1 2 3 4 5
15. Io credo che i miei bisogni siano tanto importanti quanto quelli degli altri e ho il diritto di soddisfare i miei bisogni.
1 2 3 4 5

Somma i valori cerchiati per ottenere il tuo punteggio totale ....
Confronta il tuo punteggio con lo schema seguente:
Da 60 punti in su: Hai una filosofia decisamente assertiva e probabilmente reagisci rispettando i tuoi diritti e quelli degli altri nella maggior parte delle situazioni.
Da 45 a 60 punti: Hai una visione abbastanza assertiva. Ci sono situazioni in cui non sai essere naturalmente assertivo, ma con esercitazioni pratiche puoi migliorare.
Da 30 a 44 punti: Sembri essere assertivo in alcune situazioni, ma la tua risposta naturale è sia assertiva che aggressiva. Con buona pratica e imparando a percepire meglio alcune situazioni, nel futuro potresti imparare a reagire più assertivamente.

Da 15 a 29 punti: Hai una considerevole difficoltà ad essere assertivo. Dovrai impegnarti molto per rivisitare tutte quelle situazioni in cui diventare più assertivo e determinante per te stesso.

QUESTIONARIO DI AUTOANALISI SULL'ASSERTIVITÀ[6]

Per compilare questo documento leggi ogni dichiarazione e cerchia il numero della risposta che è la più caratteristica del tuo comportamento, come tu lo percepisci. Ci sono cinque possibilità di risposta, da 0 a 4. Valuta il tuo comportamento come è oggi, non come era una volta o come ti piacerebbe che fosse in futuro.
Esempio: Esprimo risentimento agli altri nel momento giusto per farlo.
Possibilità di risposta: 0, 1, 2, 3, 4.
0: completamente non caratteristico e significa che "non lo faccio mai" (tranne rarissime eccezioni).
1: abbastanza non caratteristico e significa che "normalmente non lo faccio";
2: è in qualche modo caratteristico e significa che "lo faccio qualche volta";
3: è abbastanza caratteristico e significa che "lo faccio sempre normalmente";
4: è completamente caratteristico e significa che "lo faccio sempre" (eccetto rarissime eccezioni).

	Domanda	**Punteggio**				
1	Credo di avere diritto di dire "no" agli altri senza sentirmi colpevole	0	1	2	3	4
2	Mi sento superiore alla maggior parte degli individui con cui lavoro	0	1	2	3	4
3	Quando sono arrabbiato tengo i miei sentimenti per me	0	1	2	3	4
4	Se i miei diritti vengono violati trovo una sottile ma sicura via per pareggiare i conti	0	1	2	3	4
5	Non ho difficoltà a mantenere il contatto degli occhi con gli altri	0	1	2	3	4
6	Permetto alle persone di conoscere quando sono in disaccordo con loro	0	1	2	3	4
7	Quando gli altri mi annoiano non dico niente, ma mostro il mio disappunto attraverso il linguaggio del corpo	0	1	2	3	4

[6] http://www.unife.it/ateneo/sviluppo-organizzativo/allegati-1/formazione/competenze-trasversali-responsabili/formazione-ags/assertivita/view

8	Mi piace controllare gli altri con manovre dietro le quinte	0	1	2	3	4
9	Ho paura di ammettere che non so fare qualcosa che si suppone io abbia imparato	0	1	2	3	4
10	Quando le persone non mantengono i loro impegni sono riluttante a dir loro che sono arrabbiato	0	1	2	3	4
11	Mi considero una persona esigente	0	1	2	3	4
12	Se gli altri sono sgarbati contraccambio nel medesimo modo	0	1	2	3	4
13	Esprimo la mia collera verso gli altri nel momento più appropriato	0	1	2	3	4
14	Quando ho qualcosa da dire che ritengo importante interrompo una conversazione	0	1	2	3	4
15	Mi sento a disagio quando qualcuno mi fa i complimenti per il mio lavoro	0	1	2	3	4
16	Quando le persone si approfittano di me, silenziosamente pareggio i conti	0	1	2	3	4
17	Non mi importa di chiedere aiuto quando sento di averne bisogno	0	1	2	3	4
18	Non esito ad accusare gli altri quando credo di avere validi motivi per i miei sospetti	0	1	2	3	4
19	Cerco di comportarmi in modo da diventare popolare con gli altri	0	1	2	3	4
20	Non sono in disaccordo con gli altri apertamente ma essi si accorgono sempre quando sono in disaccordo con loro	0	1	2	3	4
21	Se non sono d'accordo con il mio capo posso trovare un modo per fare marcia indietro	0	1	2	3	4
22	Sono capace di far valere i miei bisogni senza sentirmi colpevole	0	1	2	3	4
23	Uso il sarcasmo per dimostrare di avere ragione	0	1	2	3	4
24	Sento che devo accondiscendere alle richieste degli altri	0	1	2	3	4
25	Esprimo la mia collera attraverso varie caratteristiche espressioni facciali	0	1	2	3	4
26	Ho la tendenza a sentirmi a disagio in ambiente non familiare	0	1	2	3	4
27	Punto il dito o uso altri gesti per aggiungere enfasi alle mie affermazioni	0	1	2	3	4
28	Sono capace di esprimere i miei sentimenti onestamente e direttamente	0	1	2	3	4
29	Se non mi piace una persona trovo una via presa alla larga per farglielo sapere	0	1	2	3	4

30	Mi sento colpevole quando devo chiedere agli altri di fare la loro parte	0	1	2	3	4
31	Mi piace avere autocontrollo in ogni situazione	0	1	2	3	4
32	Accordo agli altri i medesimi diritti che accordo a me stesso	0	1	2	3	4
33	Quando sono arrabbiato con qualcuno uso il metodo del silenzio	0	1	2	3	4
34	Quando qualcuno si arrabbia con me, mi arrabbio anch'io con lui	0	1	2	3	4
35	Faccio favori agli altri anche quando preferirei non farli	0	1	2	3	4
36	Preferisco mezzi indiretti per controllare gli altri	0	1	2	3	4
37	Non mi piace dire direttamente cose che possono ferire i sentimenti degli altri	0	1	2	3	4
38	Prendo decisioni quando ho abbastanza informazioni, anche se posso essere in errore	0	1	2	3	4
39	Credo che si debba mostrare agli altri la propria forza nonostante la situazione se si vuole meritare il loro rispetto	0	1	2	3	4
40	Non sono così interessato alla vittoria come lo sono al negoziare accordi ragionevoli e relazioni con gli altri	0	1	2	3	4

Somma i punteggi riportati secondo l'ordine sotto indicato.

ASSERTIVO	PASSIVO	AGGRESSIVO INDIRETTO	AGGRESSIVO DIRETTO
1	3	4	2
5	9	7	11
6	10	8	12
13	15	16	14
17	19	20	18
22	24	21	23
28	26	25	27
32	30	29	31
38	35	33	34
40	37	36	39
TOTALE	TOTALE	TOTALE	TOTALE

Lettura dei risultati:

Dall'inventario vengono fuori quattro punteggi.

Perché il comportamento assertivo sia ben definibile, il punteggio nella fascia 30/40 sarebbe l'ottimale. Un punteggio compreso tra lo 0 e 10 sarebbe preferito per ognuno degli altri tre modelli. Se uno stile di influenza è alto e gli altri tre sono bassi è ovvio dire che chi risponde è caratterizzato dal punteggio più alto. Se due stili di influenza hanno alti punteggi e gli altri due sono bassi (es. 32, 28, 10, 3) sono possibili alcune interpretazioni:

a) è preferito uno stile e l'altro è uno stile di ripiego, usato quando lo stile preferito fallisce nel raggiungere i risultati desiderati;
b) i due stili più alti possono essere in opposizione l'uno con l'altro e creare tensione considerevole conflitto personale per chi risponde;
c) le scelte di chi risponde possono non essere state attentamente pesate e selezionate con schiettezza.

Se tutti e quattro gli stili ricevono punteggi simili e se sono tutti alti, moderati o bassi, sono ancora possibili altre interpretazioni:

1) chi risponde può essere in contraddizione nel suo comportamento reale, rispondendo in modo casuale a una varietà di situazioni;
2) chi risponde può non aver considerato seriamente l'impatto sugli altri di un modello di comportamento inconsistente e non ha interpretato se stesso in modo comportamentale prevedibile;
3) le scelte di chi risponde possono non essere attentamente pesate o selezionate con schiettezza.

QUESTIONARIO: SEI ASSERTIVO?[7]

Apporta un segno accanto alla risposta con la quale ti identifichi.

1. Quando una persona chiacchiera troppo, le dici qualcosa al riguardo? ○ Sì ○ No
2. Stai molto attento a evitare qualsiasi conflitto con gli altri? ○ Sì ○ No
3. Eviti contatti sociali per timore di dire o fare qualcosa di sbagliato? ○ Sì ○ No
4. Se un amico tradisce la tua fiducia, gli dici ciò che provi? ○ Sì ○ No
5. Se hai un socio/collaboratore insisti perché svolga la sua parte di lavoro? ○ Sì ○ No
6. Se un commesso in un negozio si rivolge a un cliente entrato dopo di te, gli fai notare la tua precedenza? ○ Sì ○ No
7. Raramente ti senti a tuo agio con gli altri? ○ Sì ○ No

[7] Cfr. Anchisi R., Gambotto Dessy M., *Non solo comunicare. Teoria e pratica del comportamento assertivo*, Edizioni Libreria Cortina, Torino, 1992.

8. Esiteresti a rifiutare un prestito a un amico? ◯ Sì ◯ No
9. Se una persona a cui hai prestato un libro sembra dimenticare che deve restituirtelo glielo ricordo? ◯ Sì ◯ No
10. Se una persona continua a infastidirti hai difficoltà a manifestare fastidio? ◯ Sì ◯ No
11. Rimarresti in fondo a un auditorium affollato piuttosto che cercare di sistemarti in prima fila? ◯ Sì ◯ No
12. Se in treno l'aria condizionata è troppo forte per te lo fai presente? ◯ Sì ◯ No
13. Se un amico prende l'abitudine di telefonarti abbastanza tardi gli dici di non chiamarti dopo una certa ora? ◯ Sì ◯ No
14. Se il tuo interlocutore interrompe la conversazione con te per parlare con qualcun altro gli manifesti il tuo disappunto? ◯ Sì ◯ No
15. In un ristorante, se la pietanza da te ordinata non è cotta come hai chiesto chiedi di cuocerla meglio? ◯ Sì ◯ No
16. Se il responsabile di un servizio è approssimativo nel soddisfare le tue richieste, insisti per ottenere ciò che ti interessa? ◯ Sì ◯ No
17. Riporteresti della merce difettosa in un negozio? ◯ Sì ◯ No
18. Se qualcuno che rispetti manifestasse un'opinione da te considerata inaccettabile, ti avventureresti ad affermare il tuo punto di vista? ◯ Sì ◯ No
19. Sei in grado di dire "no" a una richiesta? ◯ Sì ◯ No
20. Sei in grado di declinare un invito quando non ti interessa? ◯ Sì ◯ No
21. Protesti se qualcuno ti passa davanti mentre siete in coda? ◯ Sì ◯ No
22. Sei incline a scusarti spesso? ◯ Sì ◯ No
23. Un amico ti critica ingiustificatamente. Esprimi cosa pensi? ◯ Sì ◯ No
24. Sei in grado di contraddire una persona dispotica e autoritaria? ◯ Sì ◯ No
25. Ti giunge notizia che una persona parla male di te: vai direttamente da lei a chiarire le cose? ◯ Sì ◯ No
26. Abitualmente tieni per te le tue opinioni? ◯ Sì ◯ No
27. Sei capace di esprimere apertamente affetto e amore? ◯ Sì ◯ No
28. Dici ai tuoi amici che ti preoccupi per loro? ◯ Sì ◯ No
29. Prendi l'iniziativa di concludere rapidamente una conversazione se sei indaffarato? ◯ Sì ◯ No
30. Se qualcuno mostra di essersi offeso per qualcosa che hai detto, con buone intenzioni, affronti l'argomento dal tuo punto di vista? ◯ Sì ◯ No

Lettura dei risultati:

Sei assertivo se hai risposto:
"Sì" alle domande: 1-4-5-6-9-12-13-14-15-16-17-18-19-20-21-23-24-25-27-28-29-30
"No" alle domande: 2-3-7-8-10-11-22-26
Maggiore è il numero di risposte uguali a quelle sopraindicate, maggiore è il tuo grado di assertività. Puoi esercitarti a migliorare la tua assertività cercando di aumentare il numero delle risposte uguali, esercitandoti con un item alla volta.

3. COMPRENDI il tuo stile di comportamento

La letteratura descrive tre principali stili di comportamento: passivo, aggressivo e assertivo[8]. Di solito la persona tende ad adottare costantemente uno di questi stili a seconda delle situazioni e del contesto relazionale in cui si trova. È, però, comprensibile che le inclinazioni di personalità contribuiscono in maniera preponderante alla scelta di tale comportamento. In linea generale, la tendenza predominante non viene stravolta, tuttavia può essere attivamente monitorata e, tramite un appropriato training, modificata in direzione di assertività.

3.1. Il comportamento passivo

La persona che adotta lo stile passivo di comportamento pensa che sia più importante salvare la relazione con gli altri piuttosto che promuovere le proprie idee. Per questo motivo volentieri sposa e avvalora le proposte e iniziative altrui. Suo sforzo principale all'interno di una relazione è indirizzato a evitare ogni possibile conflitto, ridurre l'ansia di esporsi, rimandare le decisioni e ottenere la benevolenza dell'interlocutore. Questo stile di comportamento inevitabilmente produce uno stato di frustrazione, sensi di colpa, inibizione, violazione del mondo interiore e mortificazione della propria dignità.

Il tratto basilare di stile passivo del comportamento consiste nella difficoltà di esprimere le proprie opinioni e propri sentimenti. Questo stile spesso caratterizza una persona con bassa autostima ed elevata ansia sociale, che cerca di ottenere ad ogni costo l'approvazione degli altri. Considera gli altri migliori di sé, teme il loro giudizio, fa fatica a rifiutare le richieste, tende a sottomettersi al volere altrui. Subisce le situazioni senza reazioni apparenti, assumendosi la responsabilità anche di eventi che non la riguardano direttamente. Difficilmente riesce a soddisfare i propri bisogni e desideri. Tende a essere facilmente influenzabile. Se, da un certo punto di vista, l'accondiscendenza e la disponibilità possono apparire utili per ridurre l'ansia sociale e sentirsi più accettati, dall'altro lato creano forti limitazioni alla libertà individuale e facilmente possono determinare situazioni in cui gli altri tendono ad approfittarsene. È facile immaginare la posizione della persona incapace di dire di no di fronte alle richieste di favori: più la persona si dimostra disponibile e sottomessa, più aumentano le richieste, creando una specie di circolo vizioso. La situazione sembra essere

[8] Alcuni autori descrivono anche dei comportamenti passivo-aggressivo e manipolativo. Cfr.: Anchisi R., Gambotto Dessy M., *Manuale di assertività. Teoria e pratica del comportamento assertivo*, Franco Angeli, Milano, 2013, pp. 27-28; Giusti E., Testi A., *L'Assertività. Vincere quasi sempre con le 3A*, Sovera Editore, Roma, 2006, p. 25.

vantaggiosa per la persona passiva che elargisce i favori, ma con il passare del tempo aumenta la percezione di essere prevaricati, trattati ingiustamente o sfruttati. Rancori e fastidi si amplificano con passare del tempo, sino a quando il loro livello di tolleranza viene superato e si manifestano "scoppi emotivi" in situazioni di poco conto. Dopo lo sfogo la persona si sente in colpa, umiliata, prova vergogna e cerca di rientrare il più presto possibile nel suo stile passivo.
La simpatia iniziale, che comportamento remissivo suscitava negli interlocutori, lascia gradualmente posto a sensazioni di irritazione o antipatia.

Osservando il comportamento passivo, si può constatare che la persona che lo adotta presenta le seguenti caratteristiche:

- tende a parlare a bassa voce e a scusarsi di frequente;
- mostra scarso contatto oculare, una postura del corpo goffa con la schiena inclinata in avanti e le spalle incurvate;
- non riesce ad esprimere i suoi sentimenti, bisogni e opinioni;
- permette che vengano violati i suoi diritti e che gli altri ne traggano vantaggio;
- è incapace a farsi valere;
- non raggiunge i propri obiettivi;
- soffre d'ansia o depressione poiché sente di non avere il controllo della propria vita;
- prova risentimento, ma non sempre ne è consapevole, perché i suoi bisogni non vengono presi in considerazione né soddisfatti;
- si sente inibita e frustrata, perché non si confronta con gli altri e non affronta apertamente i suoi problemi.

Apparenti "vantaggi" dello stile passivo di comportamento:

- si evitano i conflitti nel breve periodo;
- si evita di essere visti come nemici o concorrenti di persone competitive e/o influenti;
- si assumono minori responsabilità;
- si è esposti a minore critica;
- si ottiene più facilmente l'approvazione da parte degli altri;
- si può controllare gli altri attraverso sapiente uso di manipolazioni e messaggi colpevolizzanti.

Svantaggi dello stile passivo di comportamento:

- non si riesce ad evitare i conflitti nel lungo periodo;
- non si riesce ad essere sempre simpatici e accettati da tutti;
- non si riesce evitare la propria frustrazione sentendosi sfruttato dagli altri;
- ci si arrende senza lottare per i propri diritti nelle situazioni conflittuali;
- continuo rimandare comporta l'accumulo degli impegni e aggrava la situazione da risolvere;

- manipolare e colpevolizzare gli altri produce la rottura dei rapporti interpersonali;
- non si riesce ad esprimere i propri pensieri ed emozioni: si rinuncia a essere se stessi;
- si perde fiducia nelle proprie potenzialità.

Le frasi che spesso rivelano uno stile passivo esprimono poca fiducia nelle proprie capacità: "Le mie opinioni non contano nulla", "Non serve che io parli, tanto nessuno mi ascolta", "Preferisco non espormi!", "Cosa succederebbe se mi sbagliassi?", "Gli altri sono più bravi di me", "Loro non mi accetteranno se…", "Ho bisogno dell'approvazione degli altri per andare avanti".

I comportamenti passivi più frequentemente messi in atto sono l'evitamento, il silenzio e una scarsa partecipazione alle attività comuni, mentre le emozioni che li accompagnano sono paura, tristezza, ansia, frustrazione, rabbia repressa e sensi di colpa.

Nelle espressioni verbali di una persona passiva spesso sono presenti delle idee irrazionali, che ulteriormente inibiscono il suo comportamento: "Devo essere accettato e apprezzato da tutti!", "Senza la protezione degli altri non posso farcela!", "Quando prendo l'iniziativa rischio di sbagliare e se sbaglio non valgo nulla!", "Se mi rivelo troppo bravo gli altri mi invidieranno", "Se entro in un conflitto avrò la peggio", "Non sono capace a fare nulla!", "Se esprimo ciò che penso veramente, il mio interlocutore ci rimarrà molto male", "Se non mi trattengo… perdo il controllo!".

A lungo andare l'insieme di queste convinzioni, comportamenti ed emozioni può far sì che la persona passiva sperimenti un senso di solitudine, un'ulteriore perdita di autostima e del senso di autoefficacia. Possono manifestarsi dei sintomi di depressione o attacchi di panico. Le persone con questo stile comportamentale lamentano frequentemente difficoltà nella gestione delle relazioni, anche con le persone a loro vicine, oltre a un senso di isolamento e a una insoddisfazione generale.

3.2. Il comportamento aggressivo

La persona che adotta lo stile aggressivo di comportamento si concentra principalmente sui propri bisogni e desideri, prevaricando gli altri. Tende a utilizzare comportamenti coercitivi o minacciosi. In genere incute timore e spesso ottiene quello che desidera. Ritiene di essere sempre nel giusto, addossa agli altri la responsabilità dei propri errori, è irremovibile e rigida rispetto alle proprie posizioni. Non cambia la propria opinione anche di fronte all'evidenza dei fatti. Si dedica con passione alla propria carriera, puntando sulla propria bravura e sulle altrui debolezze.

Fatica ad entrare in relazione profonda con gli altri. Appare poco empatica, imprevedibilmente ostile e irata. Promuove le proprie idee cercando di influenzare (manipolare) le persone che gli stanno accanto. Nelle discussioni tende a imporre le proprie opinioni, disprezzando le idee altrui e rifiutando il confronto. Le strategie per arrivare a questo scopo sono spesso violente e dominanti. Cerca di averla vinta a tutti i costi: alza la voce, umilia e incolpa altri. L'obiettivo generale è quello di aumentare e mantenere potere personale e sociale, anche a discapito di altri, fino ad arrivare a mortificare l'altrui dignità. Questo fa sperimentare alla persona che adotta lo stile aggressivo un forte senso di difesa personale, di collera e ostilità nei confronti di coloro che interferiscono con i suoi piani.

La persona con questo stile di comportamento spesso invade lo spazio altrui, li intimidisce, genera la paura, ostacolando così la trasmissione e la comprensione del messaggio che sta inviando. Le persone che hanno a che fare con un interlocutore aggressivo possono spesso sentirsi svalutate, non considerate e addirittura aggredite.

Il comportamento aggressivo incute terrore, disprezzo e odio negli altri. Sebbene a breve termine si abbia la sensazione di avere le cose sotto controllo e di ottenere ciò che si desidera, alla lunga tuttavia, un tale comportamento può condurre la persona che lo adotta ad una condizione di stress e di isolamento sociale nonché ad una sensazione di logoramento e stanchezza[9].

Osservando il comportamento aggressivo, si può constatare che chi lo adotta, presenta le seguenti caratteristiche:

- tende a parlare a voce alta e a farsi notare;
- mantiene intenso contatto oculare: lo sguardo è penetrante e diretto;
- la postura è dritta, imponente e minacciosa;
- non ascolta l'altro, interrompe frequentemente i discorsi per sovrapporsi;
- è impulsivo, poco empatico e sgarbato;
- sopporta con difficoltà la frustrazione, non accetta il "no" degli altri e diventa alquanto irascibile;
- ha scatti di rabbia e difficoltà nel gestirla;
- è in forte competizione con gli altri, che tratta in maniera dispregiativa;
- è inflessibile, non accetta il confronto o mediazione nei conflitti;
- è tendenzialmente egoista, mette in primo piano le sue esigenze, calpestando quelle degli altri;
- spesso mette in cattiva luce o incolpa gli altri per emergere.

[9] https://www.diariodellaformazione.it/news-finanziamenti-fondiue-formazione-nonprofit/gli-stili-comunicativi.html

Le frasi che pronuncia la persona aggressiva spesso esprimono superiorità e smisurata fiducia nelle proprie capacità: "Rifiuto di essere vulnerabile!", "La miglior difesa è l'attacco", "Se non ti amano, almeno dovrebbero temerti!", "Devi mostrarti forte, altrimenti ti schiacceranno!", "Solo mostrandosi forti si può vincere", "Chi fa da sé fa per tre", "Dopo di me il diluvio"[10], "Se non ti imponi subisci". Le frasi tipo nei confronti di altri rivelano critica, accuse e ricatto emotivo. Ad esempio: "Tu non mi capisci!"; "Tu mi fai stare male!"; "Io ho fatto tanto per te, e adesso tu non vuoi darmi la mano!".

Nelle espressioni verbali di una persona aggressiva sono presenti dalle idee irrazionali, che sottolineano la sua competitività, l'autosufficienza e la tendenza di prevaricare sugli altri: "Gli altri non valgono nulla, io sono meglio di loro e quindi loro devono comportarsi come voglio io!", "Gli altri sono miei nemici e quindi mi devo difendere"; "Gli altri devono comportarsi in modo corretto. Se agiscono in modo sbagliato o immorale, meritano di essere puniti"; "Non accetta i "no" come risposta!"; "Se desidero qualcosa, faccio tutto il possibile per ottenerlo immediatamente"; "Non riesco a tenere la rabbia dentro! Per sentirmi meglio devo sfogarmi sul colpevole!"; "I miei diritti vanno rispettati. Ritengo ingiusto, dover chiedere o attendere quello che mi spetta di diritto!".

Apparenti "vantaggi" dello stile aggressivo di comportamento:

- si ha la sensazione di dominare la situazione e ottenere il vantaggio sull'altro;
- si ottengono risultati eccellenti e successi gestionali nel breve periodo;
- ci si percepisce come persone forti, rispettate e apprezzate.

Svantaggi dello stile aggressivo di comportamento:

- nel lungo periodo emergono l'esclusione dal gruppo sociale di appartenenza, inimicizia, boicottaggi ecc.;
- si creano rapporti basati su timore e odio;
- la perdita di autocontrollo, l'aggressività verbale o fisica rivelano il vero volto della persona, discreditandola nell'ambiente di vita;
- l'aggressività e/o violenza ha valore diseducativo nell'ambiente famigliare;
- si creano inutili rancori, odio e pericolosi sensi di colpa.

La variante degna di nota è comportamento passivo-aggressivo. L'aggressività passiva è definita come una modalità deliberata e mascherata di esprimere sentimenti sommersi di rabbia[11]. La persona che adotta questo stile cerca di ottenere dall'altro

[10] L'allisione all'espressione francese "Après moi le déluge!", attribuita dalla tradizione al re di Francia Luigi XV, e riferita a chi sente che dopo la propria morte le cose andranno a finire male, dimostra lo scarso interesse per il destino altrui.

[11] Long J.E., Long N.J., Whitson S., *The Angry Smile: The Psychology of Passive-aggressive Behavior in Families, Schools, and Workplaces*, Austin, Pro-Ed, 2008.

ciò che gli è utile (anche a danno dell'interlocutore) attraverso strategie manipolative indirette di comunicazione con effetti negativi e distruttivi per la relazione.

Ha difficoltà a riconoscere la rabbia che sente e usa espressioni facciali che non sono coerenti con i sentimenti che prova. Apparentemente sembra sottomessa, tuttavia esprime la rabbia in modo sottile. Evita di esprimere le critiche dirette, ma si serve di sarcasmo e ironia per fare discorsi allusivi, con l'obiettivo di far sentire l'altro in colpa o scaricare le responsabilità. In questa maniera può esprimere aggressività ad alta voce, ma in maniera socialmente più accettabile e in forma indiretta.

Suoi atteggiamenti esprimono la gentilezza esagerata o apparente sudditanza, ma nascondono veri sentimenti, creando spazio per le manovre manipolatorie. Nelle relazioni si mostra compiacente per poi sabotare segretamente le decisioni che ha condiviso solo apparentemente. Spesso nega l'esistenza di un problema per non doverlo affrontare in maniera matura.

Si tratta di una persona con bassa autostima, che si sente impotente e incapace di affermarsi in modo esplicito. Compensa la mancanza di potere, che non è in grado di esercitare, perturbando le situazioni in modo indiretto.

La caratteristica peculiare della persona passivo-aggressiva è la procrastinazione. La sfrutta come modalità per frustrare gli altri o per uscire da certe faccende scomode senza doversi rifiutare apertamente. Quando questo non è possibile, un'altra strategia utilizzata può essere quella di terminare il compito richiesto nei tempi, ma in modo superficiale e inaccurato. Quando è messa a confronto con il modo in cui l'ha fatto, difende il suo lavoro accusando gli altri di avere standard troppo rigidi e inadeguati.

3.3. Il comportamento assertivo

La persona che adotta lo stile assertivo di comportamento cerca di rivolgere pari attenzioni al suo mondo interiore e al mondo esterno, con il proposito di bilanciare i propri bisogni con quelli degli altri. La scelta di dare la priorità alle necessità altrui oppure concentrarsi maggiormente sui propri bisogni, è sempre ben ponderata a seconda di situazione e/o contesto relazionale. L'obiettivo perseguito è quello di raggiungere il successo personale e nelle relazioni interpersonali senza ledere la dignità e i diritti altrui.

Importanti sono i prerequisiti, che creano basi per lo sviluppo del comportamento assertivo[12]. Tra essi possiamo annoverare:

[12] Cfr. http://www.maurodomenico.it/files/training-assertivo.pdf

Autoconsapevolezza

Il compito essenziale della persona assertiva è quello di trovare una dimensione unica ed esclusiva di sé. Essere assertivi significa, innanzitutto, essere fedeli a se stessi, che significa saper identificare: i propri punti di forza e le proprie aree deboli, il proprio modo di reagire di fronte alle situazioni, le proprie preferenze (ponendosi, per esempio, la domanda: In quali situazioni sto bene e in quali non mi sento a mio agio?), i propri desideri, i propri bisogni e le proprie emozioni.

Autostima

L'autostima è il propellente necessario per sviluppare una buona condotta assertiva. Si basa sulla profonda accettazione di se stessi: il volersi bene, il pensare di valere, essere sicuri delle proprie scelte e azioni. Quando si verifica una discrepanza tra il sé percepito (quale visione obiettiva dei propri limiti) e il sé idealizzato (ciò che si vorrebbe essere), l'autostima risulta compromessa. Il pensare di non valer nulla impedisce un positivo dialogo interiore, contribuendo allo sviluppo dei comportamenti e modi di comunicare passivi o aggressivi[13].

Potenziare l'autostima significa valorizzare la propria individualità, agire coerentemente in relazione alla propria immagine di se, e apprezzarsi in quanto persone uniche, tenendo conto dei propri punti di forza.

Autonomia

Sia la persona passiva, sia la persona aggressiva vivono, in modo manifesto o latente, relazioni centrate sulla dipendenza da altri. La persona dipendente ritiene di poter sopravvivere solo sostenuta dall'amore e dall'approvazione degli altri (persona passiva), o godendo il rispetto e l'obbedienza da parte degli altri (persona aggressiva), e pertanto, tende a manifestarsi nelle proprie relazioni affettive, o in modo affiliativo (compiacendo) o in modo dominante (svalutando o manipolando). La persona assertiva, invece, a partire da una buona stima di sé, vuole essere autonoma, sapendo che può sopravvivere anche se rimane sola. La persona autonoma, quindi, desidera stare con gli altri, ma non entra in angoscia quando resta sola, perché non dipende, come la persona passiva o aggressiva, dall'altro.

Vivere la logica del desiderio

Sia la persona passiva, sia la persona aggressiva vivono nella logica del bisogno, ossia ritengono che i propri desideri siano delle necessità assolute e non legittime preferenze. Chi vive in questa maniera, non accetta il differimento della risposta o un eventuale diniego, ma vuole tutto e subito. Pretende che le cose vadano come progettato, senza nessun cambiamento repentino.

[13] Cfr. Di Lauro, D., *Manuale di comunicazione assertiva*, XENIA Edizioni, Milano 2011, p. 11.

La persona assertiva, invece, vive nella logica del desiderio che si basa sul principio dell'imprevedibilità della risposta altrui: le preferenze non sono delle necessità e non sempre si può avere ciò che si desidera, così come in qualsiasi momento le richieste possono essere rifiutate dagli altri. Chi vive in tale logica, sa accettare il rifiuto e l'insuccesso perché è consapevole, che ciò che viene negato non corrisponde ad un mancato riconoscimento della sua persona, ma alla libertà decisionale dell'altro.

Sentimento del potere a somma variabile

Secondo Bennis e Thomas[14] esistono due fondamentali sentimenti del potere: a somma zero e a somma variabile. Il primo si basa sul "principio di scarsità", per cui una parte si impossessa di ciò che l'altra perde e, per avere il potere, bisogna rubarlo all'altro. Il secondo si basa sul "principio di competenza", per cui ognuno può avere il potere che merita, secondo le proprie capacità. Chi vive il potere a somma zero, è sopraffatto dall'invidia: desidera affermare se stesso solo per dominare. Chiunque abbia successo suscita in lui sentimenti di invidia che si esprimono attraverso la tendenza al controllo. La persona che vive il potere a somma variabile può manifestare la propria assertività e percepisce l'affermazione di sé come un legittimo riconoscimento. Non è interessata alla sfida, ma a risolvere eventuali conflitti con la negoziazione.

Generalmente, le persone assertive sono quelle che ottengono veramente la stima degli altri e sono viste come persone decise, con le idee chiare e capaci di farsi rispettare, ma anche gentili, comprensive e abili a gestire le relazioni interpersonali. Sono in grado di esprimere con l'onestà propri bisogni, emozioni e opinioni senza sperimentare o suscitare negli altri sensi di colpa o rabbia.

Risulta quindi evidente che l'assertività non è una "via di mezzo" tra la passività e l'aggressività, quanto piuttosto una "terza via", che rivela il modo più vantaggioso di relazionarsi con se stessi e con gli altri, coltivando relazioni sincere e soddisfacenti in tutti i campi della propria vita[15].

Inoltre, è doveroso constatare che l'assertività non è uno stile di comportamento immutabile, acquisito una volta per sempre, ma è soggetto a cambiamenti. Essa è una variabile incostante un po' come l'umore, e per poterla stabilizzare e mantenere nel tempo bisogna esercitarsi e sviluppare consapevolezza

[14] Bennis W.G., Thomas R.J., *L'alchimia della leadership. Geek e geezer. Generazioni di leader a confronto*, Il Sole 24 Ore, Milano, 2003.

[15] Cfr. http://lostampatello.it/wp-content/uploads/2017/02/LA-COMUNICAZIONE-ASSERTIVA-IN-AMBITO-SCOLASTICO.pdf

passando dal dubbio e l'incertezza nella relazione ad un sentimento più sicuro di se stessi e ponendosi in ascolto verso l'altro[16].

Non esistono le persone sempre assertive, ma solo comportamenti assertivi, che possono essere adottati dalle persone nelle diverse circostanze. Altrettanto, non esiste una risposta assertiva definibile tale in modo assoluto: lo stesso comportamento (ad esempio: il silenzio) può essere considerato a seconda della situazione un comportamento passivo, aggressivo, oppure una risposta assertiva. Molto dipende dallo scopo che il soggetto persegue, dal vissuto emotivo che prova, dalle regole culturali della relazione. Partendo dalla specifica personalità della persona, un comportamento tende ad affermarsi più che gli altri. Esistono quindi le persone che tendono ad essere aggressive, passive o assertive nella maggior parte delle situazioni.[17]

Il comportamento assertivo si esprime anche attraverso la comunicazione non verbale, mostrando interesse nell'ascoltare le persone con cui si parla, accompagnando ciò che dicono con l'espressione del viso, assumendo una postura di apertura verso l'altro ed avendo un tono di voce adeguato al messaggio che si sta inviando. L'obiettivo generale di uno stile assertivo è quello di migliorare le relazioni sociali, soprattutto nei contesti in cui le relazioni siano conflittuali e che le esigenze degli attori siano in contrasto.

Sintetizzando le potenzialità del comportamento assertivo, si può affermare che la persona assertiva:

- è sincera e onesta nel mostrare agli altri come si sente o cosa pensa. Sa riconoscere proprie emozioni e opinioni. Riesce esprimerli in modo sincero e rispettoso (ad esempio: "Questo che ho sentito da Anna sul mio conto mi ha fatto molto male, e mi dispiace che non sei riuscito a dirmelo direttamente");
- si esprime in prima persona (utilizza il pronome "io"). Il messaggio assertivo non accusa l'altro (ad esempio non dice: "Tu mi hai fatto arrabbiare con il tuo comportamento!"), ma parla delle proprie emozioni che accompagnano certe situazioni (ad esempio potrebbe dire: "Io ho sentito la rabbia che cresceva dentro di me!");
- facilita la comunicazione e minimizza i rischi di incomprensione tra interlocutori. Descrivendo la propria situazione e le emozioni che l'accompagnano, mette gli altri nella condizione di conoscere in maniera diretta il proprio mondo interiore: pensieri, emozioni, desideri e bisogni. In tal

[16] Di Lauro D., *Manuale di comunicazione assertiva*, XENIA Edizioni, Milano 2011, pp. 11-12.

[17] Cfr. Giannantonio M., Boldorini A. L., *Autostima, Assertività e Atteggiamento Positivo. I fondamenti e la pratica della crescita personale*, Ecomind, Salerno, 2007.

modo si evita le interpretazioni erronee o ambigue (ad esempio: "Dicendoti cosa penso, volevo renderti partecipe di questa mia scelta.");
- promuove l'apertura e lo scambio relazionale tra le persone, favorendo in questa maniera una crescente disponibilità al dialogo e al confronto;
- accresce la propria autostima e si sente appagata esprimendo se stessa.

Sintetizzando i limiti del comportamento assertivo, si può affermare che:
- questo tipo di comportamento, non esercitando nessuna pressione sulle relazioni, può influire sul comportamento dell'altro soltanto entro un certo limite, segnato dalla sua libertà decisionale. Per quanto assertiva possa essere una persona, se l'interlocutore non le permette di esserlo, nessuna tecnica può apportare un cambiamento significativo.
- non sempre la risposta assertiva è la più gettonata. Ci sono delle situazioni e/o delle caratteristiche dell'interlocutore, che permettono di optare per uno stile comunicativo diverso da quello assertivo. Ad esempio, sembra giustificato che, la madre di un figlio adolescente gli dica, alzando un po' la voce: "Due giorni fa, mi hai promesso di pulire la tua stanza, ma fino ad oggi non ho visto la realizzazione delle tue promesse!" Non si auspica l'assertività a tutti i costi, con tutte le persone e in tutte le situazioni. Occorre saper scegliere l'atteggiamento giusto, valutando attentamente il risultato sperato.

Essere assertivi significa[18]:
- Saper affermare se stessi, comunicare autenticamente e chiedere secondo le proprie aspettative, intenzioni e necessità. Esprimersi in modo chiaro, diretto e convincente, dichiarando apertamente le proprie intenzioni, desideri e bisogni, senza attendere che l'altro possa capire o intuire da solo: evitiamo di formulare consigli o giudizi.
- Saper esprimere e condividere emozioni e sentimenti.
  È necessario esprimere in modo autentico le proprie emozioni, tenendo conto che: è legittimo provare qualsiasi tipo di emozione, ma non è consentito aggredire verbalmente o fisicamente l'altro; si può esprimere ogni emozione, ma con gentilezza e nel pieno rispetto dell'altro, senza offendere o giudicare (ad esempio: "Mi fa male sentire le tue offese e la tua diffidenza"), senza, però, aggredire attraverso giudizi offensivi ("sei disonesto... ", "infantile... ", ecc.).
- Saper dissentire e dire "no".
  Dire di no può essere difficile per molte persone. Dire di sì, però, quando si dovrebbe dire di no, può provocare la sensazione di "sentirsi interiormente

[18] http://www.maurodomenico.it/files/training-assertivo.pdf

violati" e, successivamente portare a risentimento e rabbia verso le altre persone. Essere assertivi significa non essere accondiscendenti né oppositivi, ma onesti e leali, senza temere di dissentire quando non siamo d'accordo o non desideriamo qualcosa. Bisogna superare la convinzione limitante che veniamo accettati solo in condizione di sudditanza e compiacenza. Ogni "no" è prima di tutto un "sì" a se stessi. Occorre imparare a dire no, restando, tuttavia, in contatto emotivo con l'interlocutore ("mi dispiace che tu ci sia rimasto male ma la mia posizione e questa... "); non temere di perdere l'affetto della persona alla quale abbiamo detto no, ricordandoci che è sempre nostro dovere credere in noi stessi per evitare la trappola della sudditanza.

- Saper ascoltare.
  L'ascolto assertivo è un tipo di ascolto attivo, teso a cogliere i messaggi impliciti nella comunicazione dell'altro, mantenendo la concentrazione sui contenuti senza interrompere o condizionare. In particolare, per ascolto attivo e partecipato, si intende: prestare attenzione alle istanze dell'interlocutore, anche quando sembrano scontate o superflue; cogliere i messaggi impliciti dell'altro; non interrompere, mantenendo la concentrazione sui contenuti del discorso altrui.
- Saper negoziare.
  Nelle situazioni conflittuali non bisogna imporsi sull'altro ma, attraverso un aperto confronto, porre le condizioni per raggiungere un accordo di reciproca soddisfazione. Attraverso un aperto confronto e senza imporsi sull'altro, porre le condizioni per raggiungere un accordo di reciproca soddisfazione; sospendere giudizi e pregiudizi; non rompere il rapporto.
- Saper rischiare.
  Bisogna essere consapevoli che le scelte assertive per affermare se stessi comportano il rischio del cambiamento, cioè di perdere delle "comode" situazioni stabili a favore di altre più complesse ma che favoriscono la crescita. Esprimiamo ciò che desideriamo e agiamo con determinazione anche a costo di rischiare di perdere l'altro.
- Saper criticare.
  Le critiche assertive, a differenza di quelle svalutative o distruttive, hanno le seguenti caratteristiche:
  - sono rivolte ad un comportamento o atteggiamento e non direttamente alla persona ("il tuo atteggiamento mi ferisce", "quando metti in atto quel comportamento divento triste", ecc.);
  - sono motivate, cioè deve essere spiegato il perché della critica; devono rappresentare un utile punto di vista con il quale l'altro si può confrontare e

dal quale può dissociarsi e dissentire; non umiliano, offendono o sminuiscono l'altro;
- offrono alternative di comportamento (non si limitano a definire il comportamento inadeguato ma offrono l'alternativa di un comportamento più funzionale).

- Saper rispondere alle critiche
  Bisogna accettare le critiche pertinenti che aiutano a modificare e migliorare un nostro comportamento senza sentirsi svalutati. Se le critiche, invece, non sono adeguate e risultano distruttive, bisogna respingerle con fermezza, senza aggredire, ma rifiutarle apertamente. Quando si subisce una critica bisogna tener presente che:
  - noi non siamo i nostri errori;
  - disapproviamo eventualmente i nostri errori, ma non noi stessi;
  - pensiamo a correggerci e non a condannarci;
  - non prendiamo la critica come svalutazione o offesa personale, ma impariamo da essa;
  - è bene chiedere all'altro chiarimenti e suggerimenti dal suo punto di vista;
  - bisogna imparare a rispondere, senza aggredire, alle critiche mosse, se ingiuste o se condivise ("posso capire il tuo punto di vista ma non lo condivido", "può darsi che dal tuo punto di vista abbia ragione, ma non mi reputo una persona negativa", "accetterò i tuoi suggerimenti solo se tu eviti di offendermi").
- Saper offrire, chiedere, rifiutare apprezzamenti.
  Una condizione dell'essere assertivi è la capacità di riconoscere i propri e altrui meriti, esprimere e chiedere, in funzione di questi, legittimi apprezzamenti. Se i complimenti che riceviamo, invece, sono pronunciati per adularci e manipolarci dobbiamo rifiutarli prontamente.
- Saper discernere, decidere e realizzare obiettivi concreti.
  L'assertività implica la realizzazione dei propri desideri, attraverso un sano dialogo con i propri limiti e la ricerca di una risposta al proprio volere attraverso il raggiungimento di obiettivi concretamente realizzabili: individuare gli obiettivi, pianificare, chiedere eventualmente collaborazione e delegare compiti, verificare periodicamente i risultati raggiunti.

Riassumendo, possiamo affermare che l'assertività si traduce in una scelta comportamentale di base. Implica la capacità di modellare il proprio comportamento a seconda delle circostanze, di vivere le relazioni in modo aperto e disponibile, pur accettando la possibilità di non piacere a tutti e, che nonostante gli sforzi, non sempre si possono raggiungere gli obiettivi prefissati.

4. DISTINGUI la differenza tra passività, aggressività e assertività?

Per "allenarsi in assertività" è utile riconoscere sia in noi stessi che negli altri quegli errori cognitivi ricorrenti che tendono a generare - e a essere a loro volta scatenati, in un circolo vizioso - dai comportamenti passivi ed aggressivi. Tra questi, i più frequenti sono[19]:

- il pensiero dicotomico: è una *forma mentis* assolutista e molto limitante, poiché intrappola chi la vive in un mondo bidimensionale in cui si finisce per arrogarsi aggressivamente il diritto di giudicare tutto e tutti. L'assertività richiede invece un pensiero elastico, variegato. Bisogna capire che vi è tutta una scala di grigi fra il bianco e il nero: diverse sfumature del bene e del male, molti modi di dire la verità, e che il coinvolgimento emotivo cambia spesso la prospettiva con cui si valutano le persone e le situazioni;
- l'anticipazione negativa: immaginare il peggio sul futuro non serve a nulla, se non a predisporre comportamenti aggressivi o passivi. Bisogna dare agli altri e alle situazioni quanto meno il beneficio del dubbio;
- l'interpretazione: iniziamo ad interpretare il comportamento altrui e le situazioni quando non ci accontentiamo di accettare le cose per come ci vengono presentate. In questo modo rischiamo di distorcere la realtà in conformità alla nostra versione dei fatti, e troviamo il pretesto per riversare sull'altro la responsabilità della rabbia o del rancore che proviamo nei suoi confronti, incrementando la nostra aggressività. È importante imparare a non interpretare in assenza di riscontri reali alle nostre ipotesi. Teorie e realtà dei fatti non vanno confuse;
- la lettura del pensiero: se l'interpretazione riguarda le situazioni e i comportamenti, la lettura del pensiero si riferisce ai processi mentali e alle emozioni. Facciamo un errore ogni volta che presumiamo di conoscere i pensieri o gli stati d'animo altrui senza che ci siano stati espressi, ed altrettanto ingenuo è il pretendere che gli altri siano in grado di leggere i nostri. Soprattutto le persone passive tendono a pensare che gli altri possano capirli intuitivamente, e quando ciò non succede li giudicano "insensibili". È bene tener presente, invece, che non tutti vivono le cose allo stesso modo, e che l'intuizione può avere grossi limiti. Per lo stesso motivo, non possiamo sapere con esattezza ciò che è bene per gli altri e azzardarci ad interferire con la loro vita autogiustificandoci con la scusa che lo facciamo per il loro bene. In realtà il bene che abbiamo in mente è il nostro bene, che

[19] Cfr. http://psicologicamente.altervista.org/relationspage.htm

non coincide necessariamente con quello altrui. Questo tipo di errore conduce, anche inconsapevolmente, alla manipolazione degli altri;
- l'autogiustificazione: quando sbagliamo, la prima reazione è tentare di giustificarci ricercando la causa dello sbaglio più all'esterno che nei nostri errori ("Ho esagerato, è vero, ma lui mi ha provocato..."). Questo non ci aiuta a migliorare.

Bisogna notare che l'assertività prende le distanze dai comportamenti aggressivi e da quelli passivi, promuove invece la voglia di tessere le relazioni in segno di rispetto e reciprocità. È considerata indispensabile per migliorare la qualità dei rapporti interpersonali. Permette di raggiungere gli obiettivi condivisi, evitando le situazioni conflittuali, e senza cedere passivamente alle eventuali richieste o condizioni sfavorevoli che interlocutori impongono. Per questo motivo l'assertività c'entra non poco con i concetti di competizione e negoziazione. La figura successiva definisce meglio questa connessione[20].

		io vinco	**io perdo**	
tu vinci	**ASSERTIVITÀ**	**Scopo:** ricerca di un vantaggio reciproco **Aspetto:** negoziale **Obiettivo:** soddisfare i bisogni di entrambi i comunicanti	**Scopo:** ricerca del vantaggio altrui verso il proprio danno **Aspetto:** rinunciatario **Obiettivo:** soddisfare i bisogni dell'altro	**PASSIVITÀ**
tu perdi	**AGGRESSIVITÀ**	**Scopo:** ricerca del proprio egoistico vantaggio **Aspetto:** competitivo **Obiettivo:** soddisfare solo i propri bisogni	**Scopo:** nessuno **Aspetto:** distruttivo **Obiettivo:** perdita per entrambi	**INDIFFERENZA**

[20] Cfr. Di Lauro D., *Manuale di comunicazione assertiva*, XENIA Edizioni, Milano 2011, p. 21.

Un comportamento aggressivo svilupperà una relazione in cui "io vinco, tu perdi", mentre utilizzando un atteggiamento passivo si instaura una dinamica "io perdo, tu vinci". Soltanto l'assertività equilibra gli elementi di passività ed aggressività presenti nel comportamento e permette di esprimere in modo chiaro ed efficace le proprie opinioni raggiungendo gli obiettivi condivisi, che di volta in volta ci si stabilisce tramite la negoziazione. La relazione diventerà così simmetrica: "Io vinco, tu vinci".

Capire meglio le differenze nei tratti basilari del comportamento aggressivo, passivo ed assertivo, aiuta a riconoscere la loro presenza nelle situazioni concrete e reagire in maniera appropriata.

PERSONA PASSIVA	PERSONA AGGRESSIVA	PERSONA ASSERTIVA
Ha una bassa autostima. Non riesce affermare se stessa. Ritiene gli altri migliori di sé. È sottomessa e titubante.	Ha un'alta autostima e un'esagerata opinione delle proprie capacità. Tende a farsi valere prevaricando sugli altri.	Possiede una profonda autostima di sé. Ha piena consapevolezza delle proprie capacità. Sa farsi valere senza calpestare gli altri.
Tende al conformismo. È facilmente influenzabile e subisce le situazioni senza opporsi.	Tende a imporre il suo parere e sopraffare gli altri, calpestandoli con la propria apparente superiorità.	Tende a mediare tra i propri bisogni e quelli degli altri. Promuove riconoscimento e rispetto reciproco.
Avvalora le idee degli altri, senza esprimere le proprie. Assume la responsabilità di eventi estranei.	Afferma se stessa con arroganza e prepotenza. Non considera la valenza delle opinioni e delle esigenze altrui.	Riconoscere e avvalora la propria e l'altrui libertà. Rispetta dignità altrui.
Permette che vengano violati i suoi diritti e che gli altri ne traggano vantaggio.	Viola i diritti altrui per trarne vantaggio.	Fa valere i suoi diritti e rispetta i diritti altrui.
Non raggiunge i propri obiettivi.	Raggiunge i suoi obiettivi a spese degli altri.	Raggiunge i propri obiettivi senza offendere e/o sfruttare gli altri.
Si sente frustrata, infelice, ansiosa.	È sulla difensiva; umilia e disprezza gli altri.	Ha una buona immagine di sé e un'appropriata fiducia in se stessa.

È inibita e depressa.	È iraconda, imprevedibilmente ostile ed esplosiva.	È equilibrata e calma. Si esprime in modo chiaro e autonomo, proiettando un messaggio di sicurezza.
Tende all'ascolto passivo.	Tende a non ascoltare gli altri.	Tende all'ascolto ricettivo.
Consente che gli altri scelgano per lei e decidano l'esito di una situazione.	Si intromette nelle scelte altrui.	Decide per se stessa. Lascia spazio anche per la libertà decisionale altrui.
La comunicazione verbale è caratterizzata da voce bassa. Può includere: esitazione, silenzio e autocritica.	La comunicazione verbale è caratterizzata da commenti sarcastici o condiscendenti, urla, minacce, vanterie o l'uso di frasi che tendono a incolpare o sminuire l'interlocutore.	La comunicazione verbale è rilassata e decisa. Il linguaggio è fluente e sincero. Il volume appropriato per la situazione. La comunicazione assertiva trasmette rispetto, sincerità e decisione.
La comunicazione non verbale è rappresentata da una postura con le spalle curve, evitamento dello sguardo o sorriso compiacente.	La comunicazione non verbale è rappresentata da una postura sempre in tensione, rigida con pugni stretti e braccia incrociate. Può includere intrusione dello spazio personale. Lo sguardo può essere intrusivo o evitante.	La comunicazione non verbale è rappresentata da una postura aperta, con lo sguardo che va all'interlocutore, sorriso sincero e mai forzato.

L'assertività si inserisce a pieno titolo nel progetto di convivenza pacifica e partecipata, che si cerca di promuovere con varie iniziative culturali e politiche. Nelle società multietniche e multiculturali il valore del rispetto reciproco e della dignità altrui, considerati fondamentali nel comportamento assertivo, acquisiscono un ruolo di primaria importanza.

Nel passato non sempre lo stile assertivo di comportamento era apprezzato, perché il raggiungimento dei propri obiettivi (anche senza ledere o sfruttare gli altri) era considerato "un lusso" riservato ai ceti abbienti. Basta ricordare che, alla fine del secolo XIX e all'inizio del secolo XX, la situazione economica e la povertà nei ceti medio bassi della popolazione favoriva l'impiego di tutte le risorse per il sostentamento della famiglia. Il comportamento assertivo era considerato poco rispettoso nei confronti degli altri e indicava una persona egoista, che a discapito degli altri esigeva il rispetto delle proprie scelte e ostentava le libertà individuali. Questo contesto storico spiega il perché, per le generazioni più anziane, può essere più difficile comportarsi in modo assertivo. Ovviamente, anche lo stile educativo era diverso. Agli uomini un tempo era insegnato che esprimere le proprie emozioni era un segno di debolezza, mentre alle donne veniva insegnato che affermare le proprie necessità e opinioni trasmetteva aggressività. Conoscendo questo retaggio educativo, si può capire alcune persone più avanti negli anni, che trovano difficoltà a esprimersi in maniera assertiva.

Sembra che oggi, le giovani generazioni godano maggiore libertà e abbiamo a disposizione più mezzi per poter realizzare liberamente i loro progetti di vita. Tuttavia, è bene sottolineare che, mentre affermano i propri diritti, sono tenuti a non infrangere quelli degli altri. Per questo motivo l'educazione all'assertività, che insegna come esprimere le proprie necessità e desideri in modo calmo, proiettando un messaggio di sicurezza e rispetto verso altri, rimane sempre un impegno attuale per gli anni a venire.

5. CONSIDERA i vantaggi dell'assertività

Considerando quanto detto emerge che un individuo assertivo ha ben chiaro cosa desidera e agisce per ottenerlo, rispetta i diritti degli altri e mantiene una buona opinione di sé, anche nel caso gli sia difficile o impossibile raggiungere ciò che desidera.

Il comportamento assertivo innesca un circolo virtuoso: stimola maggiore libertà espressiva, che facilita il contatto con gli altri, che permette la gestione del feedback, che determina capacità di gestire le richieste, che implica una gestione dei conflitti più efficace. Tutto questo fortifica l'autostima, e il circolo virtuoso si rinforza, ricominciando daccapo.

Il comportamento assertivo costituisce una premessa giusta per l'instaurazione di rapporti interpersonali soddisfacenti perché:

1. Migliora le relazioni

Agevola il dialogo paritario che entrambi i partner dovrebbero avere per una relazione sana, forte e duratura. Promuove l'apertura alle esigenze dell'altro, dove i bisogni dei due sono sinceramente manifestati, rispettati e soddisfatti. Se invece una persona si sente sopraffatta, minacciata o manipolata nella relazione, e avverte che i suoi bisogni non sono rispettati, porterà del risentimento nei confronti del proprio partner che, a lungo andare, logorerà il rapporto.

2. Diminuisce lo stress

Le persone che avevano allenato la propria assertività, col passare del tempo acquisiscono la capacità di stabilire i rapporti di buona qualità e di conseguenza sperimentavano in maniera minore lo stress. Questo perché chi è assertivo riesce a mantenere la propria libertà interiore, a non farsi condizionare nelle proprie scelte, ha la capacità di dire no a richieste che possono portare al sovraccarico lavorativo e/o emotivo, diminuendo i livelli di tensione e ansia.

3. Promuove il rispetto della dignità propria e altrui

L'assertività coincide con il rispetto delle scelte proprie e altrui e scaturisce dal concetto della dignità di ogni essere umano.

4. Aumenta la fiducia in se stessi e negli altri

Le scelte autonome aumentano la fiducia nelle proprie capacità di valutare adeguatamente delle situazioni nel futuro e spronano alla fiducia negli altri.

5. Incoraggia l'indipendenza decisionale e autostima

Chi è assertivo lascia che siano i suoi principi a guidare le sue decisioni, e non permette che le pressioni degli altri influenzino in maniera negativa le sue scelte. La consapevolezza di avere un certo grado di indipendenza nella propria vita ha un impatto positivo sull'autostima.

Non sempre è facile adottare un comportamento assertivo. Esistono, infatti, molteplici cause che inibiscono lo sviluppo di tale condotta[21]:

1. il cattivo apprendimento di comportamenti da parte di figure famigliari, specie in età evolutiva;
2. le esperienze negative che hanno generato ansia e depressione;
3. un'educazione troppo rigida che non valorizza le scelte personali indipendenti e limita lo sviluppo della componente creativa della personalità;
4. bassa autostima;
5. dipendenza emotiva dagli altri;
6. convinzioni disfunzionali e i pensieri irrazionali;
7. bisogno di esercitare il controllo sugli altri.

5.1 NOTA i diritti assertivi

I diritti assertivi comprendono il rispetto di se stessi, delle proprie esigenze, sentimenti e convinzioni. Tali diritti sono necessari per costruire sentimenti e pensieri positivi come l'autostima e la fiducia. Riconoscerli e rispettarli significa anche saper riconoscere e rispettare negli altri.
Ecco l'ampio ventaglio dei diritti assertivi[22]:

- il diritto di giudicare il proprio comportamento, i propri pensieri e le emozioni, e di assumersene la responsabilità accettandone le conseguenze;
- il diritto di non giustificare il proprio comportamento davanti agli altri, adducendo ragioni o scuse;
- il diritto di decidere se occuparsi dei problemi degli altri, o essere responsabili degli altri;
- il diritto di mutare il parere e l'opinione, di cambiare il modo di pensare;
- il diritto di sbagliare, assumendosi la responsabilità delle eventuali conseguenze negative;
- il diritto di non farsi coinvolgere dalla benevolenza che gli altri mostrano quando chiedono qualcosa;

[21] Di Lauro D., *Manuale di comunicazione assertiva*, XENIA Edizioni, Milano 2011, p. 12.
[22] Liberamente tratto da: Anchisi R., Gambotto Dessy M., *Non solo comunicare. Teoria e pratica del comportamento assertivo*, Edizioni Libreria Cortina, Torino, 1992, p. 172 e da: http://www.psicologapalermo.it/assertivita.html

- il diritto di essere illogici nelle proprie scelte;
- il diritto di dire "No", senza sentirsi in colpa;
- il diritto di dire "Non so", quando è richiesta una competenza che non si possiede;
- il diritto di dire "Non capisco", a chi non dice chiaramente che cosa si desidera;
- il diritto di dire "Non mi interessa", quando non si desidera essere coinvolto nelle iniziative altrui;
- il diritto di raggiungere i propri scopi e progetti, senza violare i diritti degli altri;
- il diritto di avere e manifestare propri sentimenti ed emozioni;
- il diritto di chiedere aiuto;
- il diritto di chiedere informazioni;
- il diritto di fare richieste ad un'altra persona, dal momento che riconosco all'altro l'identico diritto di rifiutare;
- il diritto di ridiscutere il problema con la persona interessata, e di giungere a un chiarimento;
- il diritto di commettere degli errori, in buona fede;
- il diritto di prendersi il tempo necessario prima di dare una risposta;
- il diritto ad avere bisogni e necessità anche diverse da quelle delle altre persone;
- il diritto di essere trattato con rispetto e dignità;
- il diritto di essere ascoltato e di essere preso sul serio;
- il diritto di valutare i propri bisogni, di stabilire priorità e prendere decisioni personali;
- il diritto di chiedere ciò che si ritiene più giusto e opportuno, nel rispetto del reciproco diritto a rifiutare da parte dell'interlocutore;
- il diritto al riposo e di essere lasciato da solo quando lo si desideri;
- il diritto di non subire ricatti emotivi;
- il diritto di centrare i propri obiettivi e di avere successo;
- il diritto di dedicarsi alle attività che si ritiene utili, stimolanti e funzionali al proprio benessere;
- il diritto di dare alla propria vita un'impronta personale;
- il diritto di sviluppare una propria personale credenza nei valori religiosi, trascendentali e immanenti;
- il diritto di essere indipendente;
- il diritto di agire allo scopo di garantire la propria dignità;
- il diritto di attuare i propri diritti.

6. SCEGLI lo stile assertivo di comportamento

L'assertività non è una tendenza comportamentale innata. Va acquisita, o meglio, conquistata, in un percorso di crescente consapevolezza, teso alla modifica del comportamento. Questo *training di assertività* serve da guida per esprimere in modo corretto sentimenti positivi e negativi; riduce il disagio nella comunicazione causato da un comportamento scorretto in senso aggressivo o passivo. Permette di avvicinarsi ai propri vissuti emozionali senza mascherare o negare quello che realmente si sente. Il primo, importante passo, consiste nel dare il giusto nome all'emozione che si prova. Il passo successivo prevede l'esercizio dell'espressione consapevole di un sentimento/emozione tramite il corpo. Le emozioni vanno espresse e ventilate in maniera corretta, senza esserne travolti. Questo permette che il conflitto tra l'emozione e il vissuto corporeo non venga soppresso, ma espresso, evitando così l'incongruità tra comunicazione verbale e non verbale. Terzo passo è che quello che diciamo a noi stessi deve essere descritto in termini reali, ovvero fatti concreti e non idee astratte e possibiliste. La persona che si comporta in modo assertivo non è affatto sempre pacata, sorridente o "diplomatica": importante è saper equilibrare, a seconda delle circostanze, aggressività e passività[23]. In alcuni casi, infatti, è un comportamento assertivo impiegare atteggiamenti passivi: se, ad esempio, stiamo discutendo animatamente con una persona che ci ha tagliato la strada, forse non è il caso di dirgli esattamente quello che pensiamo, se vediamo che ha in mano una pistola! Allo stesso modo, può diventare un comportamento assertivo anche l'impiego di strategie aggressive: se una persona per strada non ci lascia in pace da 15 minuti, perché vuole venderci qualche cosa che a noi non interessa assolutamente, se siamo assertivi possiamo anche essere piuttosto scortesi, sottolineando con forza la nostra convinzione.

In sintesi, si può dire che l'assertività, tenendo presenti i propri obiettivi ed interessi, è la manifestazione più immediata e diretta di emozioni, sentimenti, esigenze e convinzioni personali, bilanciando, a seconda delle circostanze, l'aggressività e la passività, in modo da ottenere il miglior vantaggio o il minor svantaggio per se stessi, sia nel breve che nel lungo termine[24].

[23] http://www.maurodomenico.it/files/training-assertivo.pdf

[24] http://www.puntogestalt.it/site/editoriali/16-alberto-dea/22-l-assertivita.html

Adottando l'assertività come proprio stile comportamentale dobbiamo capire le sue caratteristiche basilari che consistono nel[25]:

Promuovere la parità nei rapporti umani

L'uguaglianza tra le persone è uno dei cardini più importanti del comportamento assertivo. Per poter rispettare gli altri, senza calpestarli o ledere le loro opinioni, è fondamentale non porsi mai in una situazione di netta superiorità, ma di valutare sempre con il giusto criterio le situazioni e le persone che abbiamo di fronte. Secondo l'assertività non esistono persone forti o deboli, destinate a vincere o perdere sempre, perché con il dialogo e la mediazione si possono trovare le soluzioni condivise. La persona assertiva dimostra quindi la propria correttezza e il grande senso di lealtà, proprio dal modo in cui tratta gli altri, ovvero con parità ed equità, senza alcuna forma di pregiudizio.

Agire nel proprio interesse, senza danneggiare nessuno

L'assertività mette in primo piano autorealizzazione personale. Per questo motivo la persona assertiva è tenace, determinata, sa prendere autonomamente le proprie decisioni in qualsiasi ambito della propria vita. Sa porsi degli obiettivi e conseguirli con successo, senza mai perdersi d'animo e, se necessario, non si fa problemi a chiedere l'aiuto degli altri o essere essa stessa fonte di aiuto. L'assertivo sa stare in maniera attiva in mezzo alla gente, sa perseguire i propri interessi personali senza mai calpestare gli altri ed è fonte di positività e di buon esempio per le altre persone.

Difendersi in maniera autonoma, senza aggredire nessuno

Essere assertivi non significa dire sempre "sì" e darle tutte vinte, tutt'altro. La persona assertiva sa dire "no" quando è necessario, è in grado di porre dei limiti al fine di salvaguardare il proprio dispendio di tempo ed energie. Sa reagire in maniera costruttiva alle critiche e sa difendersi con destrezza in ogni situazione, riuscendo a farsi valere.

Esprimere le proprie sensazioni con onestà, sentendosi a proprio agio

Una persona assertiva è spontanea e non nasconde mai i propri reali stati d'animo, dimostra chiaramente quello che prova e lo manifesta apertamente. La falsità e l'ipocrisia non sono qualità che fanno parte del comportamento assertivo. Essere assertivi vuol dire esprimere in maniera palese le proprie emozioni, sentendosi a proprio agio e senza vergognarsi, sempre ovviamente nel pieno rispetto degli altri.

---

25 https://www.afcformazione.it/blog/tecniche-di-comunicazione/6-caratteristiche-di-base-della-comunicazione-assertiva/

Esercitare i propri diritti, senza ledere i diritti altrui

Assertività vuol dire anche non aver paura di esprimere le proprie opinioni e di far valere i propri diritti quando è necessario. La persona assertiva reagirà sempre in maniera costruttiva di fronte alla violazione dei propri diritti, senza ledere i diritti altrui.

Non negare i diritti degli altri

Se da una parte l'assertivo sa far valere i propri diritti, dall'altra riesce a farlo senza mai offendere, criticare, intimidire o manipolare gli altri. È in questo che sta la vera virtù della persona assertiva: essere in grado di portare avanti con orgoglio le proprie idee e i propri diritti, senza mai imporsi con aggressività o ferire le altre persone.

7. APPRENDI l'assertività

L'assertività si può imparare e migliorare con il tempo, la perseveranza e il giusto allenamento. Comincia dai piccoli passi[26]:

Diventa consapevole del tuo comportamento

Il primo passo verso l'assertività parte dall'analisi dei nostri comportamenti e di quello che proviamo nelle varie situazioni. Sei più passivo o più aggressivo? Ritieni di essere in grado di comunicare sempre in maniera efficace con gli altri? In cosa vorresti migliorare? Come ti senti quando non riesci a esprimerti come vorresti? Oppure quando reagisci con aggressività? Una volta preso atto dei nostri punti deboli (ma anche dei punti di forza) saremo pronti per studiare una strategia adeguata che ci porti verso il traguardo desiderato: comunicare e agire nella maniera più assertiva possibile.

Impara dai tuoi progressi assertivi

Man mano che fai progressi, ripensa ai momenti e alle situazioni in cui hai agito con fare assertivo e fanne tesoro. L'esperienza è la migliore soluzione in questi casi poiché l'assertività si impara con il tempo. Così, come l'appetito viene mangiando, l'assertività migliora esercitandola! Osservare a posteriori il proprio comportamento, ripensando a quella particolare situazione in cui sei riuscito/a a vincere l'eccesso dell'aggressività o il difetto della passività può darti la spinta giusta per non arrenderti e migliorare la tua assertività.

Scegli degli obiettivi realistici

Alla base di qualsiasi successo ci sono sempre degli obiettivi realizzabili e strategie realistiche per ottenerli. Non possiamo pensare di porci delle mete per le quali non abbiamo i mezzi o le capacità per raggiungerle. Questo vale anche per il tuo percorso verso l'assertività! Per questo motivo scegli sempre dei traguardi che puoi raggiungere. Non strafare e non avere fretta, ma concediti il tempo di imparare con gradualità. Sbagliando e rialzandoti diventerai sempre più forte e consapevole!

Osserva e imita un modello efficace

Prendere spunto da una persona che ha già imparato ad essere assertiva nelle varie situazioni, può senza dubbio essere molto utile e costruttivo. Osservare chi utilizza efficacemente l'assertività significa avere un maestro davanti ai nostri occhi,

---

[26] Cfr. https://www.afcformazione.it/blog/tecniche-di-comunicazione/assertivita-autostima-gli-8-passi-fondamentali/

potendo così trarre elementi importanti utili alla nostra crescita personale, evitando una perdita di tempo per progettare ipotetiche strategie comportamentali.

Usa l'immaginazione nella gestione delle situazioni in maniera assertiva

L'immaginazione può esserti di grande aiuto! Quando ti capita di essere nel bel mezzo di una situazione e non sai come reagire, gioca d'anticipo e pensa a come una persona assertiva reagirebbe in quel momento. Sii quindi assertivo, ma allo stesso tempo il più naturale possibile. All'inizio sarà difficile, ma con la pratica imparerai a fare dell'assertività un comportamento naturale e profondamente radicato in te stesso. L'importante è elaborare sempre delle strategie di fronte ad eventuali blocchi. Ad esempio se la tua assertività viene interrotta da pensieri negativi, sostituiscili con le affermazioni positive. Puoi imparare dalle situazioni positivamente risolte da te in passato. Quello che conta è imparare a correggersi prontamente mentre si procede cercando di affrontare con soluzioni costruttive eventuali cedimenti delle proprie reazioni assertive.

Plasma pazientemente il tuo comportamento

L'assertività è un comportamento che si evolve e si consolida nel corso del tempo. Potremmo dire che, come per tutte le cose, non si finisce mai di imparare ed è importante non sentirsi arrivati, ma piuttosto sempre in continua crescita. Un po' come rocce levigate dalla forza dell'acqua, non siamo immutabili, ma in perenne cambiamento. Ecco perché è fondamentale modellare e adattare il comportamento assertivo nel corso del tempo, poiché siamo noi stessi ad essere in continua evoluzione, costantemente plasmati dagli eventi e dalle esperienze che viviamo nel corso della nostra esistenza.

Accogli dei feedback positivi

Osservare come gli altri reagiscono ai tuoi comportamenti è un buon indicatore per capire qual è il livello della tua assertività. Quanto più vedrai e testerai con mano le potenzialità e i vantaggi della comunicazione assertiva, tanto più ti sentirai soddisfatto dei risultati raggiunti e sarai incentivato a migliorarti, lavorando sui tuoi punti di debolezza.

8. MIGLIORA le tue capacità assertive

8.1. Identifica le tue emozioni

Ecco alcuni consigli utili[27]:

1. Inizia a scrivere un diario. Per poter imparare a comunicare in modo assertivo, è importante imparare a gestire in modo efficace le tue emozioni. Per alcune persone, semplicemente capire come si sviluppano i propri processi emotivi può essere abbastanza per imparare a cambiare il modo di comunicare con gli altri e a esprimere le proprie emozioni in modo più assertivo. Tenere un diario può essere l'opzione migliore per imparare a conoscere il comportamento, registrando le situazioni e ponendosi domande specifiche relative all'assertività. Grazie a questo esercizio probabilmente riuscirai a ridurre l'intensità delle tue emozioni e comincerai a comportarti in modo più assertivo.
2. Identifica le situazioni come se stessi filmando una scena. Scrivi le situazioni che scatenano le tue emozioni. Limitati a citare i fatti e prova a non dare interpretazioni nella prima fase. Scrivi, ad esempio: "Ho chiesto alla mia amica di uscire a mangiare qualcosa e mi ha detto di no".
3. Identifica le emozioni che provavi nella situazione. Sii onesto. Specifica le emozioni che riconoscevi al momento e valutane l'intensità su una scala da 0 a 100 (da assente a estremamente intensa). Fai una stima del tutto onesta.
4. Identifica il tuo comportamento in reazione alla situazione. Nota i sintomi fisici che potresti aver avvertito al momento. Chiediti "Cosa ho fatto?" e "Cosa sentivo nel corpo?". Se ad esempio qualcuno ha ignorato una tua telefonata, potresti aver sentito un fastidio allo stomaco o della tensione nelle spalle.
5. Identifica i pensieri che hai avuto durante la situazione. Questi pensieri possono essere supposizioni, interpretazioni, credenze, principi e così via. Chiediti "Che cosa pensavo?" o "Che cosa mi passava per la testa?". Potresti scrivere, ad esempio: "Io ho accettato di andare a mangiare con lei quando me lo ha chiesto, perciò avrebbe dovuto dirmi di sì", oppure "Dire no è stato scortese da parte sua", oppure "Magari non vuole più essere mia amica".
6. Valuta l'intensità di ogni pensiero. Usa di nuovo la scala da 0 a 100. Segna uno "0" se non credevi al pensiero, o "100" se lo ritenevi vero al 100%. Poi chiediti: "Sto pensando in modo passivo, aggressivo o assertivo?". Scrivi la risposta a questa domanda. Scrivi le prove a favore – o contro – ogni pensiero. Valuta se possono esserci altri modi di interpretare la situazione.

[27] https://www.wikihow.it/Essere-Assertivi

7. Individua una risposta più assertiva alla tua situazione. Per trovare un modo di pensare e di comportarsi più equilibrato e assertivo, chiediti: "Quale sarebbe stato un modo più assertivo di pensare o rispondere?".
8. Rivaluta le tue emozioni originali. Dopo aver valutato la situazione, riconsidera l'intensità delle tue emozioni originali e di ciò che credevi nella situazione. Usa anche in questo caso la scala da 0 a 100.

8.2. Impara a prendere le decisioni

Ecco alcuni consigli utili[28]:

1. È giusto prendere il controllo della propria vita e prendere le decisioni migliori per te, invece di lasciare che sia qualcun altro a farlo in tua vece o di lasciare che qualcuno guidi le tue scelte contro il tuo volere. Identificando il problema, potrai considerare gli elementi critici che permettono di prendere buone decisioni. Il Niagara Region Public Health consiglia di usare il modello **IDEAL** (*problem solving methodology*)[29]. L'acronimo fa riferimento alle strategie di *problem solving*, un processo mentale che comprende la scoperta, l'analisi e la soluzione di un problema:

   I ***Identify problems and opportunities***. Identifica il problema.

   D ***Define alternative goals***. Descrivi tutte le possibili soluzioni. Possono includere gestire la situazione da solo, chiedere l'intervento di qualcuno o non fare nulla.

   E ***Explore possible strategies***. Valuta le conseguenze di ogni soluzione. Valuta i tuoi sentimenti e le tue necessità per determinare l'esito migliore per te.

   A ***Anticipate and act***. Agisci. Scegli una soluzione e provala. Usa affermazioni in prima persona per esprimere sentimenti e necessità.

   L ***Look and learn***. Impara. La soluzione ha funzionato? Valuta perché, o perché no. Se non ha funzionato, ricomincia scrivendo una lista di soluzioni possibili e analizzandole.
2. Considera chi deve essere coinvolto. La tua decisione potrebbe influenzare più parti, ma non tutte dovranno essere necessariamente rese partecipi del processo decisionale. Ricevi un input dalle persone che devono essere coinvolte. Dovresti considerare le altri parti quando prendi la tua decisione, ma dovresti sempre avere l'ultima parola.

---

[28] https://www.wikihow.it/Essere-Assertivi

[29] Bransford J., Stein B., *The Ideal Problem Solver. A Guide for Improving Thinking, Learning, and Creativity*, W.H. Freeman and Company, New York, 1984.

3. Cerca di comprendere lo scopo della tua decisione. Tutte le decisioni sono motivate dalla necessità di intraprendere un certo corso di azioni. Determina le ragioni di questo corso di azioni. Questo ti assicurerà che la decisione sia quella corretta.
4. Prendi una decisione tempestiva. Procrastinare può essere un grave impedimento per l'assertività. Non prendere le decisioni all'ultimo minuto, o potresti non averne più alcune a disposizione.

8.3. Crea limiti sani nelle relazioni

Ecco alcuni consigli utili[30]:

1. Proteggi il tuo spazio fisico ed emotivo.

I limiti sono le barriere fisiche, emotive e intellettuali che crei per proteggerti. Dei limiti sani ti aiutano a proteggere il tuo spazio personale, la tua autostima e a mantenere la tua capacità di separare i tuoi sentimenti da quelli degli altri. Dei limiti non sani aumentano le probabilità di essere influenzato negativamente dai sentimenti, dalle credenze e dai comportamenti degli altri.

2. Pianifica i tuoi limiti.

Quando avvii una conversazione dove vuoi parlare delle tue necessità, è importante conoscere in anticipo i tuoi confini. Prepararti mentalmente dei confini prima di una conversazione ti impedirà di andare fuori dai binari prefissati e di compromettere le tue esigenze nel bel mezzo di una conversazione perché è più facile – o almeno ti aiuta a – evitare il conflitto.

3. Impara a rifiutare le cose che non ritieni giuste per te.

Se non ti sembra giusto fare qualcosa, non farla. È legittimo respingere la proposta che non condividi. Potresti pensare che accontentare tutti ti metta in buona luce agli occhi delle altre persone, ma sfortunatamente essere troppo generoso ha solitamente l'effetto contrario. Le persone danno valore alle cose nelle quali investono tempo, energia e denaro, perciò se tu sei l'unica persona che investe le risorse nella relazione, la tua stima di un'altra persona salirà alle stelle e la sua nei tuoi confronti scenderà. Cominciando a rifiutare le richieste e agire in maniera assertiva, prepararti che inizialmente le persone potrebbero non accettare il tuo cambiamento o persino essere scioccate dalla tua trasformazione – ma col tempo capiranno e accetteranno le tue scelte.

---

[30] Cfr. https://www.wikihow.it/Essere-Assertivi

4. Afferma la tua opinione in modo rispettoso.

Non rimanere in silenzio, se hai qualcosa da dire. Puoi condividere i tuoi sentimenti con gli altri. Assicurati solo di scegliere il momento giusto per comunicarla. Chiarisci a tutti che quello che stai per dire è importante e che dovrebbe essere preso in considerazione.

Fai pratica in situazioni di vita quotidiana. Esprimi la tua opinione a proposito di un programma televisivo o di un fatto di cronaca. Ascolta i feedback ed eventualmente, nel caso di fraintendimento, spiega cosa hai voluto dire. Questo esercizio ti aiuterà ad esprimere la tua opinione in situazioni più impegnative.

5. Identifica le tue necessità.

Cosa ti rende felice e quali sono le tue necessità? Saperlo ti aiuterà a sviluppare delle aspettative che le altre persone dovranno seguire per trattarti come vorresti. Pensa alle situazioni in cui non ritieni di essere trattato con il rispetto dovuto o quelle in cui hai pensato che i tuoi sentimenti non sono stati tenuti in considerazione. Poi considera cosa potrebbe accadere per farti sentire più rispettato.

6. Sii onesto con te stesso riguardo a quello che vuoi.

Comportarsi con sicurezza non servirà a nulla se non avrai le idee chiare o se accetterai sempre lo stato delle cose. Le persone verranno incontro alle tue necessità solo se dirai loro esattamente quali sono. Scaricare le decisioni sulle altre persone è un modo passivo-aggressivo di ridurre le tue responsabilità – e far ricadere le conseguenze sulle spalle di qualcun altro. La prossima volta che i tuoi amici ti dicono dove vuoi andare a cena, non rispondere "Per me è uguale", ma dai una risposta concreta, indicando le tue preferenze.

7. Trova delle soluzioni condivise, che possano rendere felici entrambe le parti.

Un buon approccio è adottare una mentalità del "noi" e trovare soluzioni che rendano entrambe le parti soddisfatte, se la situazione lo consente. In questo modo, saranno considerati e ascoltati i sentimenti di tutti. È bene assicurarsi prima che la situazione sia stata ben compresa dall'altra parte, esprimere quindi il proprio parere e, ulteriormente, domandare quale decisione possa essere accettata e condivisa.

Se ad esempio accompagni il tuo collega al lavoro ogni giorno, ma lui non partecipa mai alle spese per la benzina, parla con lui di questo problema. Puoi dire: "Non mi dispiace darti un passaggio di tanto in tanto. Possedere un'auto è molto costoso però, e ti faccio risparmiare tempo e denaro permettendoti di non prendere l'autobus ogni giorno. Ti dispiacerebbe partecipare alle spese per la benzina ogni settimana? Lo apprezzerei molto". Questo discorso renderà l'amico consapevole di come ti senti e metterà in chiaro le tue aspettative nei suoi confronti.

8.4. Aumenta il tuo livello di autostima e sicurezza

Ecco alcuni consigli utili[31]:

1. Valuta il tuo livello di sicurezza.

La sicurezza in te stesso è il riflesso della propria capacità di capire come ti vedi. Questo include la tua percezione di te stesso e di dove ritieni di trovarti nella scala sociale. Se ti vedi sotto una luce negativa, potresti avere grosse difficoltà a esprimere i tuoi pensieri, i tuoi sentimenti e le tue necessità. Inoltre potresti sentirti intimidito o riluttante a fare domande quando vuoi dei chiarimenti, concentrarti troppo sui tuoi tratti negativi e non avere fiducia in te stesso. Avere dei dubbi su di te ti impedisce di comunicare in modo assertivo.

Rispondendo "sì" o "no" ad alcune domande, potresti autovalutare il tuo livello di autostima e sicurezza:

- Riesci a guardare le altre persone negli occhi?
- Proietti la tua voce nel modo corretto?
- Parli con sicurezza (senza usare intercalari come "cioè" o "ehm")?
- La tua postura è eretta e aperta?
- Hai la capacità di fare delle domande che chiariscano i tuoi dubbi?
- Ti senti a tuo agio con le altre persone?
- Sei in grado di dire di no quando è il caso di farlo?
- Sei in grado di esprimere rabbia e fastidio in modo appropriato?
- Dai la tua opinione quando non ti trovi d'accordo con gli altri?
- Ti difendi quando vieni accusato di errori che non sono responsabilità tua?

Valutazione dei risultati:

Se hai risposto "no" a tre o meno di queste domande, sei un individuo sicuro di sé. Se hai risposto di no a 4-6 domande, c'è una buona possibilità che tu ti veda sotto una luce negativa. Se hai risposto di no a più di sette domande, probabilmente soffri di gravi problemi di autostima e sicurezza. Potresti spesso mettere in dubbio il tuo valore o vederti come un membro di basso livello della scala sociale.

2. Adotta un linguaggio del corpo sicuro.

La posizione del corpo e il tuo atteggiamento dicono molto su di te, anche prima che tu abbia la possibilità di esprimerti verbalmente. Adotta atteggiamenti giusti: tieni le spalle dritte e la testa alta; evita di giocherellare (tieni le mani in tasca, se proprio devi) o di coprirti la bocca quando parli; guarda le persone negli occhi quando parli, per indicare che non vuoi essere trascurato. Quando sei irritato o

---

[31] Cfr. https://www.wikihow.it/Essere-Assertivi

nervoso, cerca di controllare l'espressione facciale e i movimenti di mani e piedi, per non far trasparire eccessivamente la tua agitazione.
Se guardare le persone negli occhi è un problema, esercitati con degli occhiali da sole prima di provare a farlo senza. Se devi distogliere lo sguardo, guarda lontano, come se fossi rapito dai tuoi pensieri, e non verso il basso. Anche se sei nervoso o confuso, puoi comunque comportarti con sicurezza. Non devi vergognarti di fare delle domande.

3. Parla in modo chiaro e deciso.

Avere fretta quando parli significa ammettere che non ti aspetti che le persone abbiano il tempo di ascoltarti. Parlare lentamente, invece, indica alle persone che vale la pena attendere. Usa un tono di voce chiaro e calmo. Non serve parlare ad alto volume, ma dovrai assicurarti che tutti ti sentano.
Se le persone non ti notano, dì: "Posso avere la vostra attenzione!" in modo chiaro e deciso. Evita di attirare l'attenzione con l'esclamazione "Scusatemi!". Non chiedere scusa se non hai fatto nulla di sbagliato, perché potresti comunicare alle persone di sentirti in imbarazzo solo perché esisti.
Prova a essere conciso quando parli. Anche la persona più sicura del mondo perderà il suo pubblico se non arriverà al punto in tempo utile.
Evita di usare intercalari come "ehm" o "cioè" quando cerchi di dire qualcosa di importante, perché trasmettono il messaggio di incertezza e confusione. Impegnati in modo cosciente a eliminare queste parole dal tuo vocabolario.

4. Lavora sul tuo aspetto.

Per quanto possa trattarsi di un atteggiamento superficiale, le persone ti giudicano sulla base del tuo aspetto. Se indossi abiti che danno l'impressione che tu ti sia appena alzato dal letto, o se indossi un centimetro di trucco con dei tacchi a spillo, la persona media non ti prenderà seriamente. Se invece dai l'impressione di essere pronto a darti da fare, le persone ti rispetteranno di più. Come dice il proverbio: "L'abito non fa il monaco", ma anche si deve prendere in considerazione il fatto che "come ti vedono le persone, così ti giudicano".
Vestirti bene non significa vestirti in modo elegante. Se preferisci l'abbigliamento informale, preoccupati di avere indumenti puliti, ben abbinati e stirati, che non riportino scritte imbarazzanti o immagini non appropriate.

5. Prova in anticipo quello che dirai.

Può sembrarti sciocco, ma se vuoi proiettare sicurezza, dovresti sembrare deciso e convinto quando parlerai. Quale modo migliore di farlo se non provando? Puoi fare pratica davanti allo specchio, registrando la tua voce o persino con un amico fidato, fingendo che sia la persona con cui vuoi parlare. Quando arriva il momento, ricorda quanto sei sembrato sicuro durante le prove e cerca di sembrare ancora più sicuro nella situazione reale.

8.5. Impara a fare e ricevere le critiche

Molti problemi di ansia sociale sono legati alla paura delle critiche degli altri, di fronte alle quali siamo vulnerabili, in quanto sono legate alla minaccia del rifiuto. Le critiche si possono suddividere in due specie: quelle costruttive, cioè dirette non alla persona, ma ad un preciso comportamento e a specifiche situazioni; quelle aggressive, cioè dirette all'individuo nella sua personalità, generiche e totalizzanti. Le critiche così dette manipolative sono una sottospecie di quelle aggressive, ma meno evidenti e più subdole in genere sono dirette al controllo dei nostri sentimenti e nella quasi totalità tendono a farci sentire in colpa. È importante, quando si riceve una critica, saper riconoscere a quale specie appartiene e distinguere se sono critiche costruttive o aggressive/manipolative. La manipolazione è una forma di aggressività che agisce dall'interno, a volte in maniera apparentemente inoffensiva, vale la pena fare un esempio per tutti: "Da te non me lo sarei mai aspettato". Invece l'aggressività a differenza della manipolazione, agisce apertamente dall'esterno. La paura del rifiuto connessa alla critica la dobbiamo affrontare; fin da piccoli quante volte abbiamo sentito la frase: "Se fai così la mamma non ti vuole più bene".

Ecco alcuni consigli utili per accettare le critiche:

1. Considerare la critica nella sua effettiva dimensione e non sentirsi ogni volta messi in discussione in quanto persona;
2. Non lasciarsi "etichettare" come persona malaccorta, ma precisare la specificità del proprio sbaglio;
3. Chiedere spiegazioni concrete e dettagliate per capire (e far capire) quali aspetti della critica siano fondati e quali infondati;
4. Richiedere all'interlocutore indicazioni per un esito positivo della critica;
5. Sui punti di disaccordo ricercare un "compromesso" soddisfacente per entrambi;
6. Esprimere comunque interessi per la critica ricevuta.

Ecco alcuni consigli utili per fare la critica in maniera giusta:

1. Rivolgersi direttamente all'interessato piuttosto che a un intermediario;
2. Trattare in privato anziché in pubblico;
3. Evitare i confronti e paragoni inappropriati;

4. Protestare verbalmente e non con la mimica;
5. Evitare l'ironia e il sarcasmo;
6. Non lasciare accumulare un contenzioso o un risentimento irrisolto;
7. Affrontare un argomento alla volta;
8. Non scusarsi;
9. Non accusare "tu sempre", "tu mai" e simili;
10. Essere concreti e precisi;
11. Riferirsi al sistema di valori dell'interlocutore;
12. Parlare di sé invece che dell'interlocutore, cominciando le frasi con espressioni: "Io penso...", "Mi sento...";
13. Presentare l'aspetto positivo della critica;
14. Suggerire una soluzione realistica e accettabile per entrambi, fornendo un'alternativa corretta.

8.6. Utilizza le tecniche comunicative di tipo protettivo

Di fronte alle critiche che possono essere di tipo manipolativo, aggressivo, o comunque non costruttivo, esistono vari modi di reagire. Il disagio può essere affrontato adottando comportamenti di fuga, adattamenti passivi, reazioni di attacco o di panico: questi comportamenti non sono validi. Esistono i modi più adatti per affrontare tali situazioni che utilizzando alcune tecniche comunicative di tipo protettivo, permettono di non essere manipolati e di mantenere il controllo della situazione.

Tecnica di persistenza o disco rotto

La tecnica consiste nel ripetere con estrema calma, in maniera sistematica, il proprio punto di vista, usando sempre le stesse parole, senza farsi coinvolgere dalle strategie manipolative dell'altro, rimanendo concentrati sull'obiettivo dell'interazione. Insegna a persistere senza inserire nella comunicazione niente che non riguardi l'obiettivo da raggiungere (elementi di nervosismo, giustificazioni, ecc.). Allo stesso modo, è utile usare questa tecnica allorché facciamo una richiesta che è in nostro diritto esigere. Per non cadere in una trappola logico-manipolatoria è opportuno non fare domande di tipo aperto (es: Come mai…? Perché…?) o rispondere ai perché o alle colpevolizzazioni altrui, con scuse, giustificazioni o spiegazioni. Quello che conta è la ripetizione sistematica di ciò che vogliamo e non vogliamo.

Un esempio classico è quello della situazione del venditore ambulante che cerca inizialmente di identificare un bisogno da parte del suo potenziale cliente,

facendogli quante più domande possibili, e solo in un secondo momento, presentare la sua soluzione (prodotto o servizio) che sta commercializzando. Nel momento in cui si appura che ciò che il venditore ci propone non ci interessa, non forniamo nessun tipo di aggancio, né giustificazione, ma ripetiamo che non ci interessa fino all'interruzione della comunicazione. La tecnica del disco rotto, in questo caso consiste nel restringere progressivamente la risposta ad ogni battuta, focalizzandola sempre più sul proprio punto di vista ripetuto in modo immutato, un po' come accade alle frasi delle canzoni quando i vecchi dischi in vinile si graffiano.
Ecco, l'esempio dell'utilizzo di questa tecnica da parte di un potenziale cliente, che risponde per tre volte alle insistenti proposte del venditore: "Vedo che il suo prodotto è interessante e lei lo promuove fornendo tutte le informazioni utili, ma in questo momento, ho altre spese da fare"; "Ho capito, ma non sono interessato all'acquisto"; "Non sono interessato!".

Disinnescare la collera

Consiste nell'opporre a una critica che abbia delle connotazioni particolarmente violente, un comportamento di estrema calma, condizionando la nostra partecipazione alla comunicazione a un decrescere dell'aggressività dell'altro. Tale tecnica risulta utile per evitare che la collera trascenda e si trasformi in violenza fisica. Mettersi a discutere con una persona in collera non è assolutamente produttivo. Invece di convincere l'avversario della validità delle proprie argomentazioni, la cosa più corretta sarebbe dire: "Capisco che in questo momento tu sia molto arrabbiato, per cui parlerò con te quando ti sarai calmato". È importante far capire che il fatto che la persona si calmi è *conditio sine qua non* per poter comunicare. Se siamo noi ad essere in collera, bisogna prendere tempo, informando l'interlocutore del nostro sentimento e quindi della difficoltà a comunicare in quel momento.

Discriminazione selettiva

Consiste nel cogliere, in un messaggio negativo, critico, soltanto quella parte sulla quale noi siamo disposti a discutere, a dare delle giustificazioni, a dare delle spiegazioni. Si tratta di cogliere soltanto quella parte della domanda sulla quale si hanno dei dati e a cui si può rispondere. Esempio: "Permetti, che esprimo il mio pensiero circa l'ultimo degli argomenti di cui hai parlato".

Tecnica dell'annebbiamento (o del fogging[32])

Consiste nel rispondere alle critiche con un'affermazione neutra, che mira a smorzare la situazione. È nella natura della tecnica evitare la chiarezza. Alzare una sorta di cortina fumogena è utile per depistare un interlocutore incalzante e farlo

[32] fog (*ingl.*) – nebbia.

rallentare, in modo da prendere tempo per organizzare meglio le proprie difese. La "nebbia" in questi casi può essere il semplice parafrasare quanto detto dall'altro, senza esprimere ancora le proprie intenzioni. Le affermazioni più appropriate da usare potrebbero essere, ad esempio: "È interessante il modo in cui vedi la situazione", "Forse hai ragione ", "Può darsi che tu sia nel giusto", "Tu puoi anche pensarla così", "Capisco il tuo punto di vista".
Nelle situazioni in cui si usa l'annebbiamento sarebbe inutile, o perfino dannoso esprimere chiaramente la propria posizione. L'obiettivo è quello di calmare chi ci rivolge le critiche, "disorientandolo temporaneamente", per aprire un dialogo chiarificatore in un momento più appropriato.

Tecnica dell'asserzione negativa

Questa tecnica permette di fornire una risposta più utile in caso di critiche e attacchi che, pur essendo motivati, sembrano eccessivi. Senza provare ansia né sminuire la propria immagine personale, si ammette il proprio errore con l'intento di utilizzare la critica per migliorare. L'asserzione negativa riduce l'ostilità e tende a estinguere la manipolazione. Di solito, di fronte a questo atteggiamento, l'aggressore tende a placarsi e ad evitare ulteriori attacchi.
Inoltre, il riconoscere il proprio errore e ammetterlo in tutta serenità è liberatorio. Giova alla qualità di relazione, perché l'immagine che trasmette all'altro non è un'immagine rigida, che altrimenti potrebbe essere messa in discussione da un solo errore.

Tecnica di inchiesta negativa

Consiste nel chiedere informazioni sulla critica, spostando l'attenzione da se stessi, ai comportamenti ipoteticamente sbagliati o alla situazione sottoposta alla verifica.

Inizialmente si ammette, con il condizionale, la possibilità di aver sbagliato, dicendo ad esempio: "Forse è proprio così come lo dici", oppure "Sicuramente avrei potuto fare meglio". Successivamente si effettua un'indagine con domande riflesse sull'opinione dell'avversario. Sarà utile restringere l'ampiezza della critica, focalizzandola sui precisi comportamenti e chiarirne il contenuto attraverso ripetute domande che richiedono all'altro una crescente chiarezza. In questa maniera lo scontro sui contenuti si può trasformare in un confronto costruttivo, e permette, eventualmente, di confutare con maggiore serenità le critiche mosse senza fondamenti. Ad esempio: "Ritieni che la mia odierna presentazione fosse inutile?", "Puoi dirmi il perché?", "Che cosa non ti ha convinto? oppure "Mi puoi indicare il punto dove, secondo te, ho sbagliato?" Una volta che la critica sia stata così depurata, non vi sono ragioni per rifiutare delle indicazioni che possono essere utili in future circostanze analoghe: "Quale punto, secondo te, andrebbe approfondito nel futuro?".

In genere, quando la critica è aggressiva e non motivata si usa l'inchiesta negativa, invece quando la critica è motivata e costruttiva si usa l'asserzione negativa.

8.7. Impara a fare e ricevere i complimenti[33]

Di fronte ai complimenti, esistono due comportamenti frequentemente adottati:

- tacere o ricambiare, facendo complimenti generici, lusinghieri o ironici;
- rifiutare, sminuire, svalutare, ridicolizzare i complimenti ricevuti dagli altri.

Con questi atteggiamenti, però, non ci si riesce a migliorare la qualità dei rapporti interpersonali. La capacità di fare e ricevere complimenti, infatti, riserva dei vantaggi: aumenta l'autostima, gratifica, incoraggia l'altro a farlo di nuovo, migliora i rapporti tra le persone e invita alla sincerità. Fare e ricevere complimenti rientra nelle abilità assertive complesse, che prevedono di saper combinare insieme la comunicazione verbale e non verbale, per risultare sinceri ed efficaci.

Nel fare o ricevere complimenti si mettono in atto due riposte assertive differenti:

- saper esprimere sentimenti positivi e apprezzamenti nei confronti dell'altro;
- avere un'immagine positiva di se stessi e quindi accettare con serenità gli apprezzamenti ricevuti.

Nel fare dei complimenti in modo assertivo, è bene:

- guardare il viso della persona alla quale rivolgiamo l'apprezzamento;
- specificare in modo preciso che cosa apprezziamo negli altri. Il complimento dovrebbe essere collegato alle caratteristiche dell'altro o alle sue prestazioni. Ad esempio: "Mi è piaciuto il lavoro che hai svolto"; "Mi piacciono le tue scarpe";
- essere sinceri in modo tale da risultare efficaci;
- evitare di dare giudizi/apprezzamenti categorici, che sembrano essere rivolti piuttosto alle cose/situazioni, e non alla persona stessa. Invece di dire, ad esempio: "L'abito è stupendo!", è preferibile fornire un parere personale utilizzando l'espressione "Hai fatto una buona scelta indossando questo abito", "Mi piace... ", oppure "Ho molto gradito... ".

---

[33] Cfr. http://www.terapiaconsulenza.it/1/assertivita_come_fare_e_ricevere_i_complimenti_9673802.html

Nel ricevere un complimento, è bene:

- rivolgersi all'altro con sorriso che, come specie di messaggio non verbale, crea le condizioni favorevoli per rendere più sincero e gradito il messaggio verbale;
- rispondere semplicemente dicendo "Grazie... " a un complimento ricevuto toglie dall'imbarazzo e valorizza chi ci fa il complimento;
- non ricambiare subito con un complimento simile, di tipo: "Grazie, ma anche tu... ";
- esprimere il piacere per il complimento, aggiungendo ad esempio "Mi ha fatto piacere che l'hai notato... ";
- aggiungere, in caso di non essere d'accordo con il complimento ricevuto, un proprio parere chiarificatore a riguardo: "Grazie! E pensare che queste scarpe non sono le mie preferite".

Utile, per migliorare le proprie capacità di fare e ricevere dei complimenti, può essere la conoscenza dei risultati di alcuni studi correlati, presentati di seguito[34].

Gli studi effettuati dalle linguiste Nessa Wolfson e Joan Manes che hanno analizzato 950 complimenti, hanno evidenziato che gli argomenti "spaziano dalla pettinatura alla perdita di peso, alla casa e alla automobile, dalla cucina e dai ricevimenti alle fotografie e alle relazioni accademiche, dal giardino ai bambini e agli animali domestici". Turner ed Edgley, in un altro studio, concludono che i complimenti riguardano generalmente quattro categorie di fenomeni:

- aspetto fisico/abbigliamento: complimenti per attributi fisici o vestiti, gioielli e simili;
- personalità: l'apprezzamento di specifiche qualità, come il coraggio, o considerazioni più generali sulla persona nel suo complesso;
- prestazioni: riconoscimento di abilità o competenze individuali;
- possessi: apprezzamento degli oggetti di proprietà, ma anche di coniuge e figli.

I soggetti dell'indagine citavano più di rado complimenti a proposito della loro personalità, ma li giudicavano comunque i più significativi fra tutti. La stragrande maggioranza dei complimenti raccolti aveva a che fare con l'aspetto fisico e l'abbigliamento (41%) o con le prestazioni (43%). I complimenti per l'aspetto fisico erano quelli che più spesso venivano contraccambiati, probabilmente perché il rischio è minimo: è molto improbabile che l'interlocutore contesti un apprezzamento sul suo

---

[34] Tugnoli E., *La comunicazione efficace e persuasiva. I concetti chiave per diventare convincenti ed assertivi*, CUPER Srl, pp. 46-50, in http://www.api.lecco.it/wp-content/uploads/importedmedia/3125_La_Comunicazione_efficace_persuasiva_APILIVE201311.pdf

aspetto o abbigliamento. Anzi, per alcune persone frasi del genere sono diventati un rituale di saluto, da non prendere assolutamente alla lettera: "Buon giorno. Stai bene oggi". "Grazie, anche tu".

Il tipo di complimenti, inoltre, era legato all'età: le persone sotto i trent'anni facevano più spesso osservazioni a proposito dell'aspetto fisico o dell'abbigliamento, mentre i complimenti sulle prestazioni e, più di rado, sulla personalità erano più frequenti da parte di persone di età superiore.

L'analisi del contenuto delle risposte ai complimenti ha messo in luce quattro categorie generali: accettazione, accettazione emendativa, nessun avviso di ricevimento, negazione.

Quanto all'accettazione semplice, ne sono state evidenziate di tre tipi:

- ritualistica: il ricevente dà atto del complimento, di solito con un "Grazie" o un sorriso, senza soffermarsi ulteriormente sull'argomento;
- compiaciuta: la lode è accettata esprimendo piacere per l'oggetto del complimento o per il giudizio lusinghiero ("Mi fa piacere", "Sono contento che ti sia piaciuto");
- imbarazzata: il ricevente arrossisce, balbetta o dice qualcosa come "Lascia perdere".

L'accettazione emendativa ha quattro varietà:

- accettazione temperata: il complimento è accolto con un'espressione che tende a minimizzare ("Grazie, ma è mia moglie che l'ha comprato", "Sì, ma devo perdere altri 5 kg.");
- complimento ricambiato: il ricevente risponde con un altro complimento ("Anche tu");
- accettazione esagerata: il ricevente viola deliberatamente la convenzione che vieta di lodarsi, probabilmente per evitare di rispondere direttamente al complimento ("Non sono bravo, sono un campione");
- richiesta di conferma: chi riceve il complimento ne chiede ancora (in risposta a "Come sono buoni questi biscotti!", la risposta è "Davvero?", oppure "Ne vuoi un altro?").

Il mancato ricevimento, quando il destinatario del complimento continua a parlare ignorandolo, è raro; così com'è rara la negazione, in cui il complimento viene contraddetto in maniera esplicita: "Ma sei cieca!", "Non scherzare, non sono davvero il più bravo a tennis".

Oltre la metà dei complimenti analizzati suscitava una risposta di accettazione di un tipo o dell'altro, mentre un terzo delle risposte conteneva qualche forma di correzione.

I complimenti ricambiati erano poco frequenti (44 casi su un totale di 768), ma quando comparivano rispondevano quasi sempre a complimenti sull'aspetto fisico o l'abbigliamento. Il mancato ricevimento era molto raro e di solito compariva in risposta a complimenti relativi alle prestazioni. Le risposte di accettazione temperata erano più frequenti quando il complimento era indirizzato alla persona nel suo complesso.

Descrivendo come vengono recepiti i complimenti, Anita Pomerantz, linguista della Temple University, nota che le risposte variano dall'accettazione diretta a varie forme di rifiuto. Talvolta accettiamo il complimento con un semplice "Grazie" o altro segno di assenso, a volte dichiarandoci d'accordo con l'interlocutore ("Sembra anche a me", "Sì, è proprio bello"), oppure minimizziamo il complimento. Secondo la Pomerantz, quest'ultima risposta è dovuta al desiderio di accettare la lode senza dare l'impressione di magnificare noi stessi. Un modo consiste nel rilevare qualche difetto "È un vestito che ha tanti anni ormai". Un altro è quello di ridurre la propria parte di responsabilità "Non è tutto merito mio".

A volte, nota la Pomerantz, correggiamo la valutazione positiva: "Ho avuto solo la fortuna di trovarmi al posto giusto al momento giusto". Questa correzione spesso induce altre lodi, con l'interlocutore che si affretta a ribadire il complimento iniziale in termini ancora più lusinghieri.

Turner e Edgley rivelano che il contraccambio è un'altra forma molto comune di risposta alle lodi. L'interessato dà atto solo indirettamente del contenuto specifico del complimento, ma lo accetta implicitamente con un complimento indirizzato all'interlocutore o a una terza persona: "Anche Mario ha una bella casa, non ti pare?".

Ci sono molte ragioni che possono spiegare questo tipo di risposta. Talvolta non sappiamo come fare per accettare una lode senza sembrare vanitosi. In altri casi cerchiamo di spazzare via qualunque apparenza di superiorità nei confronti di chi ci ha rivolto il complimento. Oppure possiamo avere dei sospetti sulle sue motivazioni, o vediamo il complimento come un preludio alle critiche, o temiamo di non riuscire a mantenerci all'altezza dell'alta opinione espressa su di noi.

Il modo di rispondere ai complimenti dipende anche dall'autostima di chi li riceve. Accettiamo più facilmente le lodi che corrispondono al nostro giudizio su noi stessi. Naturalmente, possono farci piacere anche se abbiamo dei sospetti sulla loro esattezza o sulle motivazioni che ci sono dietro.

Considerando i fattori che influiscono sullo scambio di complimenti, una parte importante nel fenomeno la svolge la vicinanza di età e di posizione sociale e, in misura minore, l'appartenenza allo stesso sesso e l'intimità del rapporto personale. Per esempio, dividendo i soggetti in due fasce di età (10-29 anni e dai 30 in su), fra i più giovani il 77% e fra i più anziani il 74% dei complimenti era indirizzato a persone dello stesso gruppo d'età.

Lo stesso valore per la posizione sociale: chi rivolgeva un complimento aveva una posizione pari a quella del destinatario nel 71% dei casi, superiore nel 22% e inferiore solo nel 7%.

Nel confronto fra i due sessi, i complimenti erano altrettanto frequenti da parte di uomini e donne, ma il 60% era rivolto a persone dello stesso sesso.

In realtà gli uomini lodavano indifferentemente persone dei due sessi, mentre le donne indirizzavano i complimenti soprattutto ad altre donne. Esiste, inoltre, una forte relazione fra il sesso del destinatario e il tipo di complimenti: le donne ricevevano molto più spesso degli uomini lodi per il loro aspetto fisico (78% contro il 22%), mentre non c'erano quasi differenze fra i due sessi nelle lodi per le prestazioni o le doti di personalità.

Infine, le persone fra cui avviene lo scambio di complimenti sono legate generalmente da rapporti piuttosto stretti. Classificando il materiale raccolto in base al tipo di relazioni esistenti fra gli interlocutori, si ottiene questa suddivisione: amici 30%, partner e parenti 26%, colleghi, conoscenti e vicini 28%, estranei e clienti 8%, superiori e subordinati 8%.

Per vedere se i soggetti attribuissero motivazioni diverse ai complimenti formulati da loro stessi o dagli altri, fu chiesto loro di spiegare le ragioni dei complimenti fatti e ricevuti. Le risposte sono state classificate in tre gruppi: complimenti manipolativi (fatti per altri scopi), normativi (fatti per gentilezza o perché l'altro se li aspetta) e complimenti meritati (riconoscimenti sinceri). Non è stata trovata nessuna differenza significativa fra le motivazioni dei complimenti fatti e ricevuti: i due terzi dei soggetti pensavano che entrambi fossero sinceri e meritati.

Agli intervistati fu anche chiesto che cosa avevano provato facendo e ricevendo dei complimenti. In più dei tre quarti dei casi il complimento, fatto o ricevuto, era stato un'esperienza positiva e nessuno ha espresso sentimenti negativi.

La differenza più vistosa fra questi risultati e quelli di ricerche precedenti riguarda proprio i sentimenti che la gente prova nello scambio di lodi e complimenti: non è stato trovato alcun indizio di reazioni negative o di sospetti circa motivazioni occulte. I complimenti in generale sembrano accolti positivamente in maniera chiara e diretta.

8.8. Impara a gestire la rabbia

La rabbia è un'emozione primaria che trae origine dall'istinto di difesa. Ha una base innata e una funzione che permette all'individuo di adattarsi e sopravvivere all'ambiente. Si manifesta come reazione a situazioni di frustrazione o costrizione, sia fisica che psicologica. Assolve un ruolo molto importante nella vita perché segnala la violazione dei propri diritti o la presenza di un ostacolo al raggiungimento di obiettivi personali. Va intesa pertanto come un campanello di allarme che avvisa chi la sperimenta, che qualcosa o qualcuno potrebbe arrecargli un danno, bloccare un obiettivo o esporlo ad una ingiustizia. La rabbia inoltre assolve anche la funzione di preparare all'azione, attivando una serie di modificazioni fisiologiche che dispongono l'individuo ad organizzare una serie di comportamenti mirati alla rimozione dell'ingiustizia e/o del danno.

È utile notare che la rabbia si sviluppa a partire da alcuni fattori scatenanti che vengono interpretati come ingiusti o dannosi (attribuzione di significato), e non è prodotta dalle azioni degli altri. Tale valutazione innesca la reazione di rabbia e il conseguente impulso ad agire. Sotto la spinta della rabbia e dei cambiamenti fisiologici associati ad essa, il soggetto percepisce l'impulso ad attaccare e l'organismo si prepara all'azione promuovendo i comportamenti mirati alla protezione dal danno. Qualora le manifestazioni di rabbia diventino incontrollabili, superando il limite dello sfogo, possono sfociare in un'aggressività violenta.

Gestire la rabbia, non significa reprimerla o inibirla sul nascere, ma modularne la risposta emotiva in modo da organizzare l'esperienza e le risposte comportamentali adeguate allo specifico contesto[35]. Quando il processo emozionale della rabbia è ben regolato, la persona che la sperimenta è in grado di adattare la sua risposta comportamentale alla situazione specifica e al contesto in cui è inserita[36].

Tra i fattori interni e/o esterni, che suscitano la rabbia possiamo annoverare[37]:

- essere insultati;
- essere minacciati fisicamente o verbalmente;
- non ottenere o non raggiungere i propri obiettivi;
- perdere la propria posizione o il potere;
- perdere il rispetto;
- essere derubati;
- essere vittima di ingiustizie;
- essere trattati male o essere costretti a fare qualcosa contro la propria volontà;
- essere traditi;
- venire usati senza saperlo;

[35] Gross J.J, Muñoz R.F., *Emotion regulation end mental health*, in "Clinical Psychology: Science and Practice", 2, 1995, pp. 151-164.

[36] Esistono, inoltre, diversi tipi di interventi psicologici che possono essere utilizzarti per favorire il processo di gestione della rabbia. I trattamenti che si occupano della modulazione della rabbia possono focalizzarsi sia sul processo emozionale nel suo insieme, sia sui singoli elementi della risposta emotiva. Fra i più efficaci si evidenziano: la psicoterapia individuale ad orientamento cognitivo-comportamentale; i gruppi psicoeducativi per la regolazione emotiva; i training di gruppo sull'assertività.

[37] Cfr. Izard C. E., *Human emotion*, Plenum Pass, New York, 1977; Linehan M., *Trattamento cognitivo-comportamentale del disturbo borderline. Il Modello dialettico.* Raffaello Cortina Editore, Milano, 2001.

- essere criticati;
- vedere andare a male i propri progetti;
- assistere ad azioni stupide o violente;
- fare qualcosa che non viene apprezzato dagli altri.

Considerando i modi in cui si manifesta, possiamo elencare alcuni tipi di rabbia:

- rabbia passiva: non esprimo, interiorizzo. È causa di risentimento, invidia, ansia, infelicità, disturbi fisici e somatizzazioni (ulcere, dermatiti, cefalee, ecc.), comportamenti autolesionisti;
- rabbia aggressiva: crea conflitto e paura attraverso punizioni, minacce e aggressioni;
- rabbia aggressiva indiretta: spesso è indirizzata più verso bersagli facili che alle persone che l'hanno causata, oppure causa azioni vendicative e sarcasmo;
- rabbia assertiva: riconosco l'origine della mia rabbia e la esprimo direttamente e in modo giusto. Ci stimola a cambiare la nostra situazione.

Di rabbia disfunzionale o patologica, in linea generale, si può parlare quando la sua manifestazione crea sofferenza sia sul piano individuale che su quello interpersonale, oppure compromette le relazioni sociali e spinge a compiere azioni dannose verso persone o cose.
Nello specifico la rabbia è disfunzionale quando[38]:

- è troppo intensa rispetto al motivo che la scatena;
- non è collegabile ad un fattore scatenante;
- è troppo persistente anche dopo che è stato allontanato il motivo scatenante;
- è accompagnata da pensieri ed emozioni negativi o rimuginazioni;
- produce comportamenti aggressivi e pericolosi verso se stessi, gli altri e gli oggetti;
- fa allontanare le persone che ci circondano.

Per quanto riguarda la gestione della rabbia, molto utile si rivela il training assertivo, che ha lo scopo di far apprendere alle persone le competenze necessarie per migliorare la gestione delle relazioni sociali ed esplicitare il proprio punto di vista senza però negare o attaccare i sentimenti altrui. Si tratta di un lavoro a termine e abbastanza strutturato, volto ad allargare il repertorio cognitivo e comportamentale

[38] Vendittelli N., et al., *L'intervento cognitivo-comportamentale di gruppo nel Servizio Psichiatrico di Diagnosi e Cura*, Centro Scientifico Editore, Torino, 2003.

dei partecipanti attraverso un lavoro di gruppo, cioè proprio in un contesto relazionale simile, ma protetto, a quello in cui si manifestano i problemi di anassertività.

Le tecniche assertive di gestione della rabbia aiutano a scegliere metodi, soluzioni, idee costruttive e, successivamente, realizzare piani di azione atti a migliorare la situazione. Alcuni semplici consigli sul come gestire la rabbia in maniera assertiva suggeriscono di:

- prendersi una pausa (contare fino a dieci non è solo una cosa per bambini!) e, se necessario, allontanati per un po' dalla persona o situazione che ha innescato la rabbia;
- raccontare alla persona discreta e di fiducia le proprie emozioni per poter "sfogare la rabbia" in modo non distruttivo;
- immaginare di essere seduto vicino alla persona che ha scatenato in noi la rabbia e riferire in maniera sincera e assertiva i propri vissuti e pensieri;
- immaginare di mettersi nei panni degli altri, specie coloro che in qualche maniera sono collegati con i momenti di rabbia, e provare a guardare il mondo con i loro occhi. Questo esercizio d'immedesimazione sviluppa empatia nei loro confronti;
- scrivere una lettera alla persona il cui comportamento ha scatenato la rabbia, descrivendo i propri pensieri e il proprio stato d'animo. È bene farlo a tappe, rileggendo lo scritto dopo qualche giorno e apportando le modifiche. In seguito si può distruggere la lettera o decidere di spedirla;
- ricorrere all'attività fisica (esercizi sportivi, passeggiata veloce, ecc.). L'esercizio fisico funziona come valvola di sfogo per le emozioni. Sotto l'effetto dello sforzo fisico intenso vengono rilasciate nel circolo sanguigno le beta-endorfine, la cui finalità è dare sensazioni piacevoli e favorire il rilassamento;
- imparare a utilizzare l'umorismo per allentare la tensione;
- introdurre gli esercizi di rilassamento: esercizio di immaginazione guidata con audio di sostegno, musica di sottofondo rilassante, ecc.;
- ricorrere ad una terza persona obiettiva nella disputa che può svolgere la funzione di mediatore;
- riconsiderare la necessità della conciliazione e del perdono.

9. DOMANDE E RISPOSTE sull'assertività

Come si impara l'assertività?

L'apprendimento dell'assertività consiste sia nella teoria che nella pratica. L'assertività non può essere appresa solo leggendo libri e articoli: è un po' come imparare a ballare o guidare una macchina. In primo luogo, impariamo a conoscere il problema dal lato teorico, osserviamo come qualcun altro guida l'auto o la danza, e poi proviamo noi stessi l'attività sotto la supervisione dell'istruttore.
Provare significa controllare cosa funziona, quali strumenti abbiamo a nostra disposizione e come possiamo usarli. Facciamo piccoli passi e addomestichiamo più aree. Quando sappiamo come reagisce la frizione sotto la nostra gamba e come mettiamo la "prima marcia", possiamo continuare a imparare come usare il pedale del gas. Quando conosciamo il passo fondamentale nella danza, possiamo andare a imparare le figure più semplici. Con l'assertività è esattamente la stessa cosa. La apprendiamo al meglio quando alterniamo le fasi di approfondimento della teoria e della pratica. Dopo aver esaminato alcuni di questi passaggi, si può sentire (e non solo sapere) cosa significa essere assertivi. Questa sensazione è un po' come percepire il ritmo della danza – questa sensazione "già lo so" e allo stesso tempo "già lo sento" di cosa si tratta.

Una persona che si comporta in maniera assertiva vive in armonia con se stesso, conosce e rispetta i propri diritti, esprime apertamente i suoi pensieri, i sentimenti in caso di bisogno. Allo stesso tempo rispetta i diritti di altre persone. Nei rapporti con gli altri riconosce il principio di partenariato "Io sono importante proprio come sei importante tu". Se qualcosa non funzione nella relazione commenta apertamente i fatti e non i suoi sentimenti. Se è criticata o manipolata riesce a reagire. Non permette agli altri di essere trattata come oggetto e non rimane nelle relazioni "tossiche o dannose".

Un assertivo è comprensivo verso se stesso – si riserva il diritto di poter commettere un errore, di non essere all'altezza delle aspettative di qualcuno. Preferisce essere autentico piuttosto che sembrare perfetto agli occhi degli altri. È autocritico in maniera giusta. Si fida di se stesso e si accetta. La propria dignità ha per lui un valore immenso.

Dove si impara l'assertività?

La impariamo tramite un allenamento naturale in famiglia, in ambito scolastico, tra gli amici che ci vogliono bene. Tanti imparano l'assertività solo in età adulta. Se a casa, però, una persona si sentiva amata e ascoltata, e i genitori le mostravano dei sani confini, insegnandole che non si possono prendere i giocattoli agli altri bambini, perché anche loro hanno gli stessi sentimenti e risentimenti come lei – allora ho avuto una buona base per l'atteggiamento assertivo.

Una persona assertiva, parlando della propria famiglia ha raccontato: "I genitori mi hanno insegnato come prendermi cura di me stesso, non confondendo i miei sentimenti e imparando a fidarmi di essi. Grazie a loro, forse non rendendomene ancora pienamente conto, vedo il mondo dalla prospettiva di assertività. Spesso non riesco a formulare le frasi perfette di contenuto assertivo, ma so riconoscere quando qualcuno cerca di manipolarmi o di costringermi a fare qualcosa che non voglio e riesco a reagire, ponendone un rimedio".

Inoltre, se gli adulti attorno a un bambino riescono a lanciare dei messaggi assertivi nelle loro conversazioni con altre persone, allora esso impara in maniera naturale e senza forzature il modo assertivo di porsi nei confronti delle altre persone e il comportamento assertivo diventa una cosa "completamente ovvia e naturale". A un certo punto, il bambino da solo metterà in pratica questi atteggiamenti.

Essere assertivi ad alcuni non sembra così facile?

Ancora troppo spesso l'assertività è associata all'egoismo. Questi concetti sono spesso non solo associati, ma anche confusi. Apparentemente sembra che sia l'assertività sia l'egoismo riguardino il fatto di prendersi cura di se stessi. Tuttavia, c'è una differenza fondamentale. L'egoista pensa solo a se stesso e ai suoi benefici. Antepone i propri interessi al bene di altre persone. Si aspetta che gli altri agiscano in base ai propri gusti e ai propri piaceri. L'egoista tratta le persone solo strumentalmente, non vede alcun valore nel costruire una relazione basata sul rispetto reciproco.

La persona assertiva, invece, si occupa dei propri bisogni, ma allo stesso tempo ha molto rispetto e comprensione per i bisogni delle altre persone. Vede il valore nelle relazioni basate sulla partnership. È pronta a rifiutare le richieste, ma è anche pronta ad accettare il rifiuto dell'altro, perché dà agli altri gli stessi diritti che lei stessa si offre. Un egoista si rifiuterebbe di reagire negativamente. La persona assertiva mantiene calma e conserva la serenità d'animo, perché sa che la prosperità nelle relazioni si basa sul fatto che ognuna delle parti ha il diritto di mantenere il proprio "giardino interiore ben curato". Usando una metafora si può dire: non sarebbe giusto piantare dei bei fiori nel proprio giardino e buttare delle erbacce in quello del vicino.

Il rispetto degli altri che caratterizza la persona assertiva implica il fatto che, quando si rifiuta qualcosa, prima si dovrebbe esprimere la comprensione dell'altra persona e della sua situazione e, solo dopo, comunicare la propria decisione. Per esempio, se un amico ti chiede di andare con lui nel prossimo weekend fuori città perché vuole riposare, possiamo dire: vedo che sei stanco e che apprezzi la mia presenza accanto a te. Tanto più mi è difficile dire, ma non verrò con te perché ho intenzione di andare a un concerto di musica classica questo fine settimana. Se vuoi, posso venire con te la prossima settimana. Un egoista non lo direbbe mai! Come vediamo, l'assertività fornisce strumenti sia per essere in armonia con se stessi, sia per trattare il territorio dell'altra persona con dovuto rispetto. Essere assertivi significa quindi promuovere la convivenza pacifica fra le persone attraverso l'autenticità e la verità.

Spesso essere assertivi significa anche andare contro corrente. Prendersi cura di se stessi richiede coraggio perché, ancora oggi, connota la violazione di una norma culturale che impone di mantenere le proprie esigenze in secondo piano, dopo quelle degli altri. Il comportamento assertivo in certi ambienti si scontra con il rifiuto.

Anche quando si decide di esprimere una critica assertiva, si può incontrare una reazione negativa. Qualcuno potrebbe sentirsi offeso, prendere distanze e in una situazione estrema interrompere il contatto. Questa visione spesso ci impedisce di esprimere noi stessi. Tuttavia, vale la pena di vedere il fatto da una prospettiva diversa: l'assertività verifica le relazioni. È come un vento che spegne la piccola fiamma o riaccende il braciere. L'atteggiamento assertivo mostra come sono realmente le nostre relazioni: sia se si basino sulla partnership e sulla comprensione reciproca, sia su un "compromesso" non equo in cui una parte ha più diritti rispetto all'altra e forse prende più di quello che dà. Una persona che ha a cuore i nostri bisogni, accetterà il nostro rifiuto con rispetto, perché anch'essa vuole essere rispettata alla stessa maniera.

È una sensazione incredibilmente liberante quando iniziamo a sperimentare gli effetti positivi del parlare delle nostre emozioni e dei nostri bisogni. È più facile per noi raggiungere i nostri obiettivi, otteniamo rispetto per noi stessi e un senso di libertà e di indipendenza. Abbiamo persone intorno a noi di cui ci fidiamo, che ci accettano e ci rispettano, e con cui non c'è bisogno di fingere di essere qualcuno, o nascondere il nostro vero volto. Allo stesso tempo, abbiamo più forza per combattere per noi stessi. Possiamo vedere rapidamente il momento in cui qualcuno attraversa i confini del nostro territorio, anche se lo fa in modo sofisticato. Essere assertivi migliora anche la salute fisica. Generalmente diminuiscono le "somatizzazioni dei nostri mali interiori". Ci sono sempre più studi che dimostrano che molti problemi di salute sono legati al fatto che noi sopprimiamo le emozioni - specialmente rabbia, paura e tristezza.

Non è così che gli individui assertivi sfruttano la posizione delle persone sottomesse?

L'assertività si riassume nel saper rispettare per un altro essere umano. Non c'è posto qui per "lo sfruttamento con premeditazione", "la prevaricazione" o "la sottomissione di qualcun altro". Al contrario, una persona assertiva, vedendo la

resistenza di qualcuno, anche se non espressa in parole, vorrà spiegare la situazione. Dirà, ad esempio: "Hai accettato di aiutarmi e venire con me a fare la spesa, ma vedo che stai continuamente guardando nervosamente il telefonino, come se stessi aspettando qualcosa. Sei sicuro che ti conviene continuare a fare shopping?".
Naturalmente, questo non significa che gli assertivi debbano prendersi cura delle persone sottomesse, perché ognuno è responsabile del proprio comportamento, del proprio stile di vita e delle proprie scelte. Quindi se qualcuno accetta di soddisfare la nostra richiesta, accettiamo questo consenso come una buona moneta. Ma se riconosciamo evidenti segni di disagio nell'altra parte, non fingiamo di non vederli.

In che modo le persone non assertive possono migliorare le relazioni?

La comunicazione è molto importante perché è uno dei principali pilastri di una relazione sana e appagante. Se ci manca l'apertura, non parliamo onestamente delle nostre emozioni, non esprimiamo le nostre aspettative sul nostro partner in modo chiaro e comprensibile, stiamo facendo confusione. I bisogni non espressi e insoddisfatti sono la ragione principale delle incomprensioni, della rottura di relazioni promettenti di lunga data e spesso, anche delle separazioni nelle coppie. Molte di loro potrebbero essere risanate se i partner cominciassero a parlarsi sinceramente e con rispetto della loro relazione, invece di moltiplicare le loro lamentele.

È particolarmente importante che in una relazione si formulino e si esprimano critiche costruttive, in parole, che non risultino semplicemente dei giudizi o consigli. Piuttosto, ci si dovrebbe concentrare sul descrivere e "dare un giusto nome" al comportamento di un partner che non risponde alle nostre aspettative: sarebbe bene discutere insieme perché non riusciamo a comunicare e, infine, descrivere in maniera chiara le reciproche aspettative. Ad esempio, se la moglie rifiuta ancora una volta di uscire insieme a cena, il marito può dire, mantenendo lo stile assertivo: "Tesoro, questa è la terza volta che ti invito a cena, e ti rifiuti, dicendo che hai molto lavoro. Mi dispiace e mi sento deluso perché non abbiamo trascorso del tempo insieme da molto tempo. Per noi è importante uscire insieme questa settimana, se non oggi, in un giorno diverso. Cosa ne dici?".

Una persona anassertiva forse potrebbe dire: "Vedi, in qualche modo alcune persone escono insieme!". Questo, però, è un messaggio accusatorio e c'è un'alta probabilità che la conversazione sia piena di dolore reciproco e sfoci in una rissa verbale nella quale i due si rinfaccino a vicenda e in maniera aggressiva le loro mancanze. E dopo, alla fine, i due rimarranno feriti, senza la possibilità di trovare un accordo.

Essere assertivi potrebbe migliorare in maniera significativa le relazioni, rendendole più trasparenti e oneste.

Perché è difficile per noi stabilire chiaramente i confini che gli altri non dovrebbero attraversare? Questo è il risultato di una mancanza di autostima?

Infatti, se non mi considero una persona preziosa, allora posso assumere l'atteggiamento di passività e rassegnazione quando qualcuno entra nel mio territorio. Ma indipendentemente dal livello della nostra autostima, possiamo semplicemente aver paura del giudizio sociale, dell'esclusione dal gruppo o del fatto che saremo lasciati soli. È molto più facile comportarsi in modo assertivo se disponiamo di un sostegno da parte dei famigliari, amici o di persone importanti o legate a noi con dei legami forti. Quindi, anche se sentiamo una valutazione negativa del nostro agire o se si interrompe una relazione, questo non influirà in alcun modo sul fondamento su cui costruiamo il nostro senso di sicurezza. Per le persone che si sentono sole, incomprese e senza supporto, una valutazione negativa o un rifiuto che minacci l'isolamento sociale, è vissuto con maggiore gravità e preferiscono quindi non esporsi ad esso.

Ci sono anche altre ragioni per le quali non definiamo i nostri confini interiori in maniera assertiva: conseguenze negative prevedibili e molto tangibili, come la perdita del lavoro, la perdita della simpatia del capo o dei privilegi non scritti. Queste sono tutte situazioni in cui dipendiamo da qualcuno. L'assertività può quindi essere "molto costosa".

Significa che nelle situazioni in cui dipendiamo da qualcuno, dobbiamo mettere l'assertività da parte? Ad esempio, come dovremmo reagire al suggerimento del capo di prendere un lavoro a casa o di rientrare in ufficio nel fine settimana?

L'assertività consiste nel prendere una decisione in maniera consapevole, assumendosene la responsabilità. Possiamo scegliere di combattere per i propri diritti sul lavoro, assumendosi la responsabilità per eventuali disagi e difficoltà associate a questa lotta. Allora l'energia e il coraggio danno importanza a ciò per cui sto combattendo: può essere il diritto di decidere liberamente sul mio tempo libero o il diritto di prendermi cura della mia salute o della mia famiglia. Ma possiamo scegliere nello stesso modo di non combattere, di arrendermi davanti alle richieste altrui, ad esempio, se penso che il rischio di perdere la sicurezza del lavoro sia troppo alto e ho bisogno di stabilità finanziaria, perché ho un prestito o dei figli da mantenere. È importante scegliere consapevolmente il modo di agire e accettarne le conseguenze, per essere in armonia con se stessi. Anche se, ovviamente, non possiamo sempre avere "la botte piena e la moglie ubriaca".

Una questione a parte è che la conversazione assertiva sui confini della propria disponibilità lavorativa non deve essere simile a una guerra, dove uno solo può essere proclamato il vincitore. Svelare semplicemente le proprie esigenze può essere un modo efficace per cambiare la propria situazione lavorativa. Possiamo venire dal capo e dire, ad esempio: "Mi chiedi di nuovo di prendere un lavoro a casa. Sai che mi interessa essere un buon impiegato e davvero mi impegno tanto per questo. Sono pronto a rinunciare a brevi pause nel lavoro durante il giorno, limito le mie pause per la sigaretta o per le conversazioni personali al minimo indispensabile, ma voglio davvero passare le serate con la mia famiglia, è davvero importante per me. Posso fare quello che mi chiedi domani mattina?".

Come si può lavorare sull'assertività?

L'assertività è meglio appresa durante i training: l'allenamento, sebbene ci siano anche dei libri di valore in cui, oltre alla teoria, è possibile trovare esercizi di assertività. Tuttavia, il vantaggio dell'allenamento è la capacità di praticare messaggi assertivi con un altro partecipante o formatore. Grazie a ciò, è più facile iniziare in seguito il comportamento appropriato nella situazione di vita reale. L'assertività, tuttavia, non riguarda l'apprendimento di formule rigide, ma la ricerca di espressioni, frasi, e parole con le quali ci sentiremo meglio, che saranno le nostre e si adatteranno al nostro modo di comunicare.

La forma di allenamento scelta più spesso è l'allenamento di gruppo, che di solito dura alcuni giorni e si concentra su un esercizio intenso. Il gruppo permette di condividere le proprie difficoltà con gli altri, ti dà la possibilità di osservare come le altre persone esercitano e superare le loro paure, e permette di mettere a frutto il feedback degli altri partecipanti. C'è un'incredibile energia in esso. Tuttavia, bisogna essere pronti a lavorare in gruppo. Per coloro che non lo desiderano, l'allenamento di assertività individuale può essere un'opzione. Si svolge regolarmente: gli incontri sono, ad esempio, ogni due settimane e durano per sei mesi. Grazie a questo il partecipante ha il tempo di praticare nuove abilità nella vita reale, e quindi può discuterne con il formatore.

Si può iniziare ad imparare l'assertività a qualsiasi età?

Non è mai troppo tardi. È chiaro che a un ventenne sarà più facile cambiare abitudini e attuare nuovi comportamenti rispetto a una persona di sessant'anni, perché a questa età certi schemi di azione sono già profondamente radicati. Ma la motivazione è davvero la cosa più importante!

Molto spesso le persone tra i 20 e i 40 anni scelgono l'allenamento di assertività. In questa fascia d'età si vuole in particolare sviluppare le proprie competenze personali, saperne di più su se stessi, sui metodi per aumentare l'efficienza personale nelle relazioni con gli altri e nella vita professionale.

Lavorare sulla propria assertività comporta spesso il cambiamento grande nello stile relazionale. Come lo vivono le persone impegnate nel cambiamento?

Come nel corso di qualsiasi altro cambiamento, spesso si manifesta la paura e sorge la domanda: "Se, e come sarò accettato quando dirò di "no", o rifiuterò qualche richiesta o proposta che non ritengo buona per me?" La paura può continuare a sussistere, ma lentamente emergono anche dei nuovi cambiamenti positivi come l'aumento dell'autostima, la soddisfazione personale e si acquisisce il coraggio di esprimere la propria individualità nelle relazioni.

Le persone intorno a noi possono anche reagire con la diffidenza di fronte a questo cambiamento così evidente. Spesso i parenti, i conoscenti o i colleghi di lavoro di una persona che si sta formando o si è allenata in maniera assertiva, sono confusi e persino indispettiti perché, improvvisamente una persona che non l'ha mai fatto, inizia a stabilire le proprie condizioni e a rivendicare i propri diritti. Questo può essere difficile da accettare, soprattutto per le persone che hanno beneficiato fino ad allora della sottomissione della persona non assertiva, ora, se vogliono mantenere una relazione, devono scendere a compromessi, accettare che l'altro abbia le proprie ragioni e la propria vita.

Da quanto detto si evince che l'assertività non è una sfida facile, ma può indicare il traguardo di una vita relazionale soddisfacente.

Conclusione

L'assertività non è semplicemente un'abilità che influisce in maniera determinante sulle relazioni interpersonali e nello stile di comportamento, ma che spinge a uno stile di vita all'insegna dell'equilibrio, della collaborazione e del rispetto dei diritti altrui. Trova la sua massima espressione in semplici valori morali come la chiarezza, l'onestà, la fiducia e il rispetto. Mira a far emergere i tratti individuali e le peculiarità di ogni persona. Cerca di valorizzare il "diamante grezzo", che si nasconde in ognuno di noi, e spesso nasconde le splendide qualità dietro una ruvida apparenza.

Questa "filosofia di vita" subordina l'amore e il rispetto degli altri all'amore e al rispetto di sé. Per questo motivo, da alcuni, è stata definita come la "teoria del sano egoismo". La vita, infatti, sembra confermare l'affermazione che chi non sa amare se stesso in maniera giusta, non è in grado di rispettare i bisogni altrui e amarli; chi non è felice non può dare felicità; chi non ha stima e fiducia in sé non è in grado di dare agli altri sicurezza e, chi non sa prendersi cura di sé, non saprà prendersi cura di un altro.

Essere assertivi significa vivere esercitando i propri diritti in modo naturale, senza prevaricare sull'altro e senza provare disagio, chiedendo il riconoscimento dei propri diritti e riconoscendo all'altro la reciprocità di questo assunto.

Essere assertivi non è facile, perché esige un costante esercizio, al fine di ottenere risultati soddisfacenti. È importante, comunque, iniziare a praticare gli atteggiamenti assertivi, "un passo alla volta", perché, solo apprezzando dei piccoli miglioramenti nel mondo delle relazioni, s'innescherà un circolo virtuoso che estenderà i benefici di tale comportamento in altri ambiti della vita.

Spero che arriverà il momento in cui, proprio come uno stile di vita salutare ed ecologico, anche l'assertività diventi *trendy*! Rendere l'assertività uno stile di vita alla moda, sarebbe un buon modo per rendere le relazioni interpersonali più umane e autentiche.

Bibliografia

ANCHISI R., GAMBOTTO DESSY M., *Manuale di assertività. Teoria e pratica del comportamento assertivo*, Franco Angeli, Milano, 2013.

ANCHISI R., GAMBOTTO DESSY M., *Non solo comunicare. Teoria e pratica del comportamento assertivo*, Edizioni Libreria Cortina, Torino, 1992.

BENNIS W.G., THOMAS R.J., *L'alchimia della leadership. Geek e geezer. Generazioni di leader a confronto*, Il Sole 24 Ore, Milano, 2003.

BRANSFORD J., STEIN B., *The Ideal Problem Solver. A Guide for Improving Thinking, Learning, and Creativity*, W.H. Freeman and Company, New York, 1984.

DI LAURO D., *Manuale di comunicazione assertiva*, XENIA Edizioni, Milano, 2011.

GIANNANTONIO M., BOLDORINI A. L., *Autostima, Assertività e Atteggiamento Positivo. I fondamenti e la pratica della crescita personale*, Ecomind, Salerno, 2007.

GIUSTI E., TESTI A., *L'Assertività. Vincere quasi sempre con le 3A*, Sovera Editore, Roma, 2006.

GROSS J.J, MUÑOZ R.F., *Emotion regulation end mental health*, in "Clinical Psychology: Science and Practice", 2, 1995, pp. 151-164.

IZARD C. E., *Human emotion*, Plenum Pass, New York, 1977.

LINEHAN M., *Trattamento cognitivo-comportamentale del disturbo borderline. Il Modello dialettico,* Raffaello Cortina Editore, Milano, 2001.

LONG J.E., LONG N.J., WHITSON S., *The Angry Smile: The Psychology of Passive-aggressive Behavior in Families, Schools, and Workplaces*, Pro-Ed, Austin, 2008.

MARCATO P., ALFIERI G., MUSUMECI L., *Ascoltare e parlare*, La Meridiana, Molfetta, 2004.

TUGNOLI E., *La comunicazione efficace e persuasiva. I concetti chiave per diventare convincenti ed assertivi*, CUPER Srl, in: http://www.api.lecco.it/wp-content/uploads/importedmedia/3125_La_Comunicazione_efficace_persuasiva_APILIVE201311.pdf

VENDITTELLI N. et al., *L'intervento cognitivo-comportamentale di gruppo nel Servizio Psichiatrico di Diagnosi e Cura*, Centro Scientifico Editore, Torino, 2003.

Sitografia

http://lostampatello.it/wp-content/uploads/2017/02/LA-COMUNICAZIONE-ASSERTIVA-IN-AMBITO-SCOLASTICO.pdf
http://psicologicamente.altervista.org/relationspage.htm
http://www.mauriziomazzotta.it/index.php/comunicare/10-comunicare/28-questionario-sull-assertivita
http://www.maurodomenico.it/files/training-assertivo.pdf
http://www.psicologapalermo.it/assertivita.html
http://www.psiche.roma.it/materialiassert/Profilo%20assertivit%E0.pdf
http://www.puntogestalt.it/site/editoriali/16-alberto-dea/22-l-assertivita.html
http://www.terapiaconsulenza.it/1/assertivita_come_fare_e_ricevere_i_complimenti_9673802.html
http://www.unife.it/ateneo/sviluppo-organizzativo/allegati-1/formazione/competenze-trasversali-responsabili/formazione-ags/assertivita/view
https://www.afcformazione.it/blog/tecniche-di-comunicazione/6-caratteristiche-di-base-della-comunicazione-assertiva/
https://www.afcformazione.it/blog/tecniche-di-comunicazione/assertivita-autostima-gli-8-passi-fondamentali/
https://www.diariodellaformazione.it/news-finanziamenti-fondiue-formazione-nonprofit/gli-stili-comunicativi.html
https://www.wikihow.it/Essere-Assertivi

English summary

Assertiveness is a useful communication tool. It is often seen as the ability to express positive and negative ideas and feelings in an open, honest, and direct way, but in a way that is respectful of the other person.

This book focuses on the importance of being assertive in relationships and can help readers understand what assertiveness is and how to behave assertively can be helpful in their lives.

Assertiveness training can be useful for those who wish to improve their interpersonal skills and sense of self-respect. Being trained in assertive communication actually increases the appropriate use of this sort of behaviour. This type of training can assist not only those who tend to be overly passive in interpersonal situations, but also those who tend to be overly aggressive. In addition, could help identify attitudes they may have developed which lead them to become too passive or aggressive and figure out which interpersonal situations are problems for them and which behaviors need the most attention. It enables the person to swap old behaviour patterns for a more positive approach to life.

Assertiveness is not simply a skill that has a decisive influence on interpersonal relationships and behavioral style, but a lifestyle based on balance, collaboration and respect for the rights of others. It finds its maximum expression in simple moral values such as clarity, honesty, trust and respect. It aims to bring out the individual traits and peculiarities of each person. Try to enhance the "rough diamond", which is hidden in each of us, and often hides the beautiful qualities behind a rough appearance.

Assertiveness is not an easy challenge, but it can indicate the goal of a satisfying relational life.

Recensione scientifica a cura di:
Doc. ThLic. Miloš Lichner SJ, D.Th. - Teologická fakulta Trnavskej univerzity v Trnave (Braslava, Slovacchia)
Doc. PhDr. Mária Šmidová PhD. - Teologická fakulta Trnavskej univerzity v Trnave (Bratislava, Slovacchia)

Pagine 75 - Cartelle editoriali standard da 1800 battute (spazi inclusi) 90,17
(in Slovacchia/Slovak Republic: 4,5 AH)

Printed by Books on Demand GmbH, Norderstedt / Germany